Transformation und Mischung

Städtebau im Wandel

Christa Reicher
Holger Hoffschröer
(Hrsg.)

jovis

Für Joachim Haase

Dieses Buch widmen wir
Joachim Haase, dem
Gründer, Gesellschafter
und Geschäftsführer
von RHA REICHER HAASE
ASSOZIIERTE.
Er hat das Renommee und
das nationale und inter-
nationale Wirken des Büros
maßgeblich mitgeprägt.
Im November 2020 hat er
den Kampf gegen eine
unerbittliche Krankheit
verloren – dabei hatte er
noch so viel vor.

Weltweit stehen Städte und Regionen vor umfassenden Transformationsprozessen: Sozialer und demografischer Wandel, Klimawandel, Digitalisierung oder neue Technologien sind große Herausforderungen. Wie Transformationsprozesse gelingen können, ist bereits in vielen Städten und Regionen zu beobachten.

RHA REICHER HAASE ASSOZIIERTE widmen sich der Gestaltung des Strukturwandels auf allen Ebenen, vom Gebäude bis zum regionalen Kontext. Dazu entwickelt das Büro konkrete Konzepte und Strategien, um aufgegebene Areale angemessen in Wert zu setzen und eine Impulswirkung für die Umgebung zu erzeugen. Guter Städtebau – das ist die Quintessenz aus 25 Jahren Theorie und Praxis – ist vor allem eine Frage der Typologie, der passenden Mischung von Nutzungen sowie des klaren Prozessdesigns.

Transformation und Mischung
Städtebau im Wandel

RHA schafft eine bessere und lebenswerte Zukunft durch die Gestaltung von Räumen: Bauten, Quartiere, Städte und Regionen.

Vorwort

Seit vielen Jahren darf ich immer wieder mit Christa Reicher und ihrem Team zusammenarbeiten. Es begann mit dem Campus Melaten, dem internationalen Wettbewerb für den neuen Universitätscampus der RWTH Aachen im Jahr 2007, den RHA mit einem überzeugenden Konzept für sich entscheiden konnte. Jahre später kümmerten wir uns gemeinsam um eine neue Nutzung des ehemaligen Areals der Trabrennbahn in Recklinghausen. Das mutige Konzept, im Innenbereich der Trabrennbahn einen See zu platzieren und damit eine identitätsstiftende Mitte für den Stadtteil Hillerheide zu schaffen, hat mich als Vorsitzender der Jury überzeugt.

Unsere Begegnungen und Gespräche über Städtebau haben sich kontinuierlich fortgesetzt: Vor zwei Jahren durfte ich sie zu der Tagung »Transforming City Regions«, die Christa Reicher an der German-Jordanian University in Amman veranstaltete, begleiten. Diese Veranstaltung mit Teilnehmern aus vielen Ländern und Kulturkreisen hat mir wichtige Einblicke in die internationale Debatte über Städtebau und insgesamt das Verständnis von Transformationsprozessen gewährt. Hin und wieder trafen wir uns in Zürich, meist in einem Café neben dem Amt für Städtebau, wo sie in ihrer Funktion als Mitglied des Baukollegiums oder des Beirats für die Hochhausleitlinien über Jahre hinweg tätig war und noch ist. Das Thema unserer Gespräche war meistens die Betreuung der Transformation der Stadt und die Frage, welchen Beitrag der Städtebau hierzu leisten kann.

»Städtebau« ist für mich ein erklärungsbedürftiger Begriff, denn es geht eigentlich nicht um das »Bauen« der Stadt, wenn darunter der technische Vorgang des Konstruierens der Stadt verstanden wird. Das französische Wort für die Betreuung der Transformation der Stadt ist besser. »Urbanisme« weist auf etwas Umfassenderes hin: Begleitung eines Prozesses, Integration aller Aspekte der Stadt: ihre Funktionalität, ihre Identität, ihr Sein.

Der Philosoph Martin Heidegger hat 1958 in einer Rede vor Architekten in Darmstadt von der Etymologie des Wortes »Bauen« gesprochen. Er wies auf die Wurzel des Wortes hin: »Buan« oder »Bin«. So ist das Bauen die Art und Weise, wie ich sein will, wie ich bin. Die Stadt muss die Reflexion dessen sein, was die Menschen der Stadt »sind«, was ihre Geschichte ist und was sie sein wollen. Wenn das nicht gelingt, wird die Stadt fremd und ungeliebt. Genau darum geht es beim »Städtebau«.

Die Bedeutung des »Städtebaus« oder des »Urbanismus« zeigt sich noch in einem anderen Vergleich: Wenn wir miteinander reden, gebrauchen wir Wörter und diese müssen wir in einen Bezug zueinander stellen: Ich liebe Dich! Liebe ich Dich? Dich liebe ich. Ich dich liebe. Die gleichen drei Wörter – unterschiedlich zueinander gestellt – ergeben je nach Komposition eine andere Bedeutung oder gar keinen Sinn. Bezogen auf die Stadt sind die Häuser die Worte und der Städtebau die Grammatik. Wenn wir ohne Grammatik reden, wenn wir die Häuser autistisch nebeneinanderstellen, wenn der öffentliche Raum das ist, was übrig bleibt, nachdem die Häuser gebaut sind, wenn die vorhandene Stadt nicht respektiert wird, dann entsteht eine chaotische Stadt ohne Bedeutung und Identität.

Dieses Buch von RHA REICHER HAASE ASSOZIIERTE zeigt, was die Aufgaben des Städtebaus von heute und morgen sind und wie mit ihnen umgegangen werden soll. Es schlägt aber auch die Brücke zwischen der theoretischen Auseinandersetzung mit der Stadt von morgen und dem konkreten Entwerfen und Bauen von Stadt. Unsere Städte brauchen diese Form der Betreuung – heute mehr denn je!

Carl Fingerhuth, Zürich

Neue Quartiere auf Brachen

Die Stadt im Bestand weiterbauen

Wissen und Bildung als Motor für Stadtentwicklung

Neue Generation von Gewerbe- und Produktionsstrukturen

Die Coronakrise als Beginn der großen Transformation

Vielleicht wird man rückblickend sagen können, dass die Pandemie in den Jahren 2020 und 2021 zu einem Wendepunkt hin zu einer nachhaltigen Gesellschaft und zu einem Wandel im Städtebau geführt hat; noch sind es Mutmaßungen, die von unserem konkreten Handeln abhängen.

Viele Anzeichen deuten auf einen weitreichenden Wandel hin. So ist der Leerstand von Einzelhandelsflächen in den Innenstädten sichtbar gestiegen. Die Nachfrage nach Gewerbe- und Dienstleistungsflächen ist spürbar zurückgegangen, denn das Arbeiten findet verstärkt zu Hause statt. In den eher ländlich geprägten Kommunen im näheren und weiteren Einzugsradius der Großstädte wird Bauland so stark wie schon lange nicht mehr nachgefragt, was die bisherigen Prämissen der Raumentwicklung und insbesondere das Verhältnis von Zentrum und Peripherie auf den Prüfstand stellt. Zugleich wirft das offensichtliche Bedürfnis der Menschen nach mehr Abstand die Frage auf, ob und wie die Abstände zwischen Gebäuden, Autos und Bewohnern perspektivisch neu zu regeln sind. Alle diese Aspekte, die im Zuge der Pandemie eine neue Relevanz bekommen haben, stellen den Städtebau vor neue Herausforderungen.

Einmal mehr wird deutlich, dass der Wandel unserer Städte Ergebnis gesellschaftlicher, wissenschaftlicher, ökonomischer und technischer Entwicklungen ist, die das Mischungsverhältnis und die Transformationsdynamik unmittelbar beeinflussen.

»Seit 2020 markiert die Corona-Pandemie eine Zeitenwende – politisch, wirtschaftlich, gesellschaftlich, sozial und individuell. Daher müssen auch die Zukunft der Städte und ihre Lebensbezüge zum Umland neu gedacht werden.«

— Wuppertal Institut

Transformation: zwischen Reurbanisierung und Regionalisierung

Transformation: zwischen Reurbanisierung und Regionalisierung

Städte wandeln sich weltweit kontinuierlich. Sie verändern dabei nicht nur die Gestalt und ihr subjektiv wahrgenommenes Bild, sondern Veränderungsprozesse treten in unterschiedlicher Intensität und Ausprägung der städtischen Funktionen auf (vgl. Winter 2015: 16). Die europäische Stadt ist geschichtlich durch lange Phasen der Persistenz geprägt und hat sich dabei immer wieder durch intensive Zeiten der Transformation verändert.

Die gegenwärtige Situation in unseren Städten wird durch tiefgreifende Veränderungen bestimmt: Der ökonomische Wandel schlägt sich neben der Deindustrialisierung in neuen Formen von urbaner Produktion und Dienstleistung nieder. Mit dem sozialen Wandel gehen demografische Veränderungen in der Zusammensetzung der Bevölkerung und der Haushaltstypen einher. Außerdem nimmt die Geschwindigkeit der Reurbanisierung zu. Innenstädte und innenstadtnahe Stadtquartiere werden attraktiver, gerade für Menschen, die die Vorzüge des städtischen Lebens (womöglich wieder neu) entdecken. Diese Rückbesinnung auf die Kernstädte als Wohnstandort hat vielerlei Gründe; sie ist jedoch insbesondere gekoppelt an Veränderungen in der Arbeitswelt beziehungsweise den Trend, Wohnen und Arbeiten sehr viel effektiver miteinander verbinden zu müssen, als dies ein Leben in den suburbanen Ballungsrandzonen in den meisten Fällen erlaubt. Hier sind gut organisierte, mit vielfältigen Funktionen ausgestattete Stadtviertel klar im Vorteil. Gleichzeitig findet eine weitere Regionalisierung des Städtischen statt.

Auch wenn die Entwicklung von Städten schon immer in Beziehung zur Region stand, und umgekehrt, so erfährt derzeit die Debatte um einen *regionalen Städtebau* und eine regelrechte *Regionalisierung der Stadtentwicklung* eine neue Relevanz. Dies wird nicht zuletzt deutlich durch die zahlreichen Stadtumlandverbünde und städteübergreifenden Entwicklungskonzepte wie das Agglomerationskonzept Köln/Bonn, die als innovative Formate an den Start gehen.

In vielen Innenstädten fehlt bezahlbarer Wohnraum, während gleichzeitig das Umland Leerstände zu verzeichnen hat. Durch falsche Allokationen werden unnötig Pendlerströme erzeugt. Vor diesem Hintergrund sind interkommunale Kooperationen naheliegend, um die notwendige Balance zwischen unterschiedlichen Entwicklungsdynamiken herzustellen.
Was bedeuten diese beiden scheinbar widersprüchlichen Prozesse – Reurbanisierung und Regionalisierung – für den Städtebau?

Ol.

Was bedeuten diese beiden scheinbar widersprüchlichen Prozesse – Reurbanisierung und Regionalisierung – für den Städtebau?

01.01

Flächenrecycling als Chance nachhaltiger Innenentwicklung

Trotz eines enormen Entwicklungsdrucks auf unsere Städte gilt nach wie vor die Devise »Innenentwicklung vor Außenentwicklung«. Damit kommt neben der Baulückenschließung und der Nachverdichtung dem Flächenrecycling eine große Rolle zu, weil diese brachgefallenen Areale meist ein deutlich größeres Flächen- und Nutzungspotenzial aufweisen.

Brachflächen, deren vorherige Nutzung aufgegeben wurde, umfassen unterschiedliche Kategorien:

Militärbrachen (Kasernen, Truppenübungsplätze, Wohn- und Verwaltungsbauten)

Bergbaubrachen (Zechen, Gruben, Kokereien, Aufbereitungsanlagen)

Gewerbe- und Industriebrachen (Eisen-, Stahl- und Walzwerke, Produktions- und Lagerstätten)

Infrastrukturbrachen (Bahnflächen, Hafenareale)

Landwirtschaftsbrachen (ungenutzte Felder)

Sonstige Brachen (Messegelände, Postflächen)

↘ *Kategorien von Brachflächen/Darstellung nach Güthling 2009: 17*

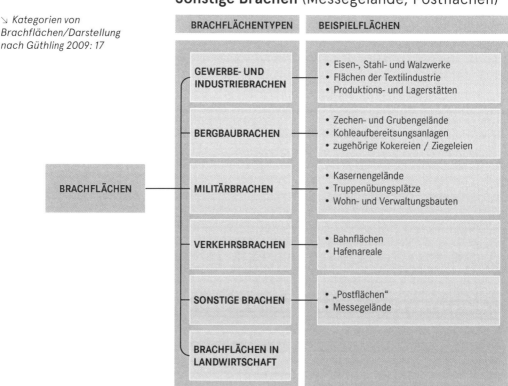

BRACHFLÄCHENTYPEN	BEISPIELFLÄCHEN
GEWERBE- UND INDUSTRIEBRACHEN	• Eisen-, Stahl- und Walzwerke • Flächen der Textilindustrie • Produktions- und Lagerstätten
BERGBAUBRACHEN	• Zechen- und Grubengelände • Kohleaufbereitsungsanlagen • zugehörige Kokereien / Ziegeleien
MILITÄRBRACHEN	• Kasernengelände • Truppenübungsplätze • Wohn- und Verwaltungsbauten
VERKEHRSBRACHEN	• Bahnflächen • Hafenareale
SONSTIGE BRACHEN	• „Postflächen" • Messegelände
BRACHFLÄCHEN IN LANDWIRTSCHAFT	

BRACHFLÄCHEN

Die Entwicklung von brachgefallenen oder untergenutzten Flächen ist deshalb von großer Bedeutung, weil nicht nur das Areal selbst aktiviert wird, sondern von dieser Aktivierung eine große Impulswirkung auf die Nachbarschaft und den größeren räumlichen Kontext der Stadt ausgehen kann. Meist weisen diese Flächen eine gute Anbindung an die vorhandene Infrastruktur auf; die Folgekosten für die Erschließung und die Anbindung an den ÖPNV lassen sich durch eine höhere Ausnutzung reduzieren. Konversion bietet zudem die Möglichkeit, vorhandene städtische Strukturen neu zu ordnen und Barrieren, die durch die vorherige Nutzung entstanden sind, zu überwinden. Die neue Konzeption für die Entwicklung einer Brachfläche muss jedoch die Fragen des Klima- und Ressourcenschutzes in hinreichendem Maße berücksichtigen.

17

Die Balance zwischen Verdichtung und neuer Standortentwicklung

Viele Regionen sind mit einer dynamischen demografischen Entwicklung konfrontiert. Die Nachfrage nach Wohnraum und Gewerbeflächen lässt sich in vielen Metropolen, aber auch in kleineren Städten nur bedingt im innerstädtischen Bereich realisieren. Auch wenn vielerorts noch bauliche Potenzialflächen zur Verfügung stehen, geht eine Bebauung von Freiflächen oft zulasten von klimatischen Verschlechterungen wie einer Reduktion des Frischluftaustausches oder einer Zunahme der Überhitzung in den Sommermonaten. Anforderungen des Klimaschutzes und die Anpassung an den Klimawandel stehen vielfach im Widerspruch zu der planerischen Devise der Nachverdichtung und lösen konkurrierende Nutzungs- und Entwicklungsansprüche aus. Mit dem hohen Entwicklungsdruck verschärfen sich auch die Zielkonflikte zwischen der regionalen Freiraumsicherung und -vernetzung und der weiteren Siedlungsentwicklung.

Im Hinblick auf die wünschenswerte Balance zwischen Verdichtung und neuer Quartier- und Standortentwicklung gilt es, einerseits die bauliche Innenentwicklung mit neuen Qualitäten wie Anbindung an den ÖPNV und Qualifizierung von Freiräumen zu verknüpfen und andererseits auf geeigneten Flächen möglichst ressourcenschonend neue Quartiere zu entwickeln.

In der planerischen Debatte wird derzeit für eine stärkere Berücksichtigung polyzentrischer Ansätze plädiert. Polyzentrische Ansätze könnten die Attraktivität von Städten stärken, die Nachteile überzogener Konzentration und Verdichtung von Städten vermeiden und zugleich die Vorteile dezentraler Siedlungsmuster mobilisieren (WBGU 2016: 4). In einer Phase, in der die Groß- und Mittelstädte zunehmend unter Druck geraten, können polyzentrische Raumstrukturen eine bessere Ressourcennutzung ermöglichen, die kulturelle Identitätsbildung begünstigen und einen wichtigen Beitrag zu einem *guten Raumzustand* leisten.

»Für die Zukunft ist die Frage wesentlich, wie höhere Dichten in der Stadt adäquat kompensiert werden können, um städtische Lebensräume attraktiv, gesund und klimaoptimiert zu gestalten.«
— Marion Klemme

»Zukunftsfeste« Transformation

Prognosen und deren Relevanz für den Städtebau und die Stadtentwicklung gestalten sich schwierig. Zum einen, weil *Zukunft* sich auf unterschiedliche Zeithorizonte bezieht – sie fängt heute an und umfasst sehr lange Zeitperspektiven –, zum anderen, weil diese durch technologische Innovationen, deren Relevanz heute noch nicht absehbar ist, stark bestimmt wird. Dennoch gilt es, mit den Planungskonzepten und Raumbildern Weichen zu stellen, die als Leitplanken für eine nachhaltige Entwicklung fungieren können, aber auch hinreichend Offenheit für Unvorhersehbares und für Innovationen bieten. Die Balance zwischen den Konstanten im Sinne der Sicherung von Lebens- und Standortqualität und den Variablen im Sinne von Anpassungsbedarfen ist neu auszuloten. Ziel ist es, zukunftsfähige Raumstrukturen zu sichern und entstehen zu lassen. Das gelingt nur, wenn die räumlichen und strategischen Konzepte eine differenzierte Betrachtung der Prägungen, Profile und nicht zuletzt der Begabungen eines Standorts, einer Stadt oder einer Region vornehmen und diese als Fundament für die Planung nutzen.

Dem Anspruch an ein Mindestmaß an Zu-kunftsfestigkeit kann ein Planungskonzept nur gerecht werden, wenn es Transformation als eine integrierte Aufgabe versteht. So ist Städtebau zugleich Mobilität, und Mobilität beeinflusst wie-derum den Städtebau. Auch dem Klimaschutz ist mit ausbalancierten und resilienten Konzepten Rechnung zu tragen. Die Corona-Pandemie wird irgendwann vorüber sein – die Klimakrise bleibt und wird sich verstärken.

01.03

»Die Auswirkungen der Corona-Pandemie sind ein besonderer und langanhaltender ›Stresstest‹ für die Städte und Gemeinden ... Urbane Resilienz soll künftig ein zentraler Bestandteil der nachhaltigen Stadtentwicklung werden.«
— Memorandum Urbane Resilienz
   (Bundesministerium des Inneren, für Bau und Heimat)

Nutzungsmischung: vom neuen alten Paradigma des Städtebaus und der Planungspraxis

02.

Nutzungsmischung: vom neuen alten Paradigma des Städtebaus und der Planungspraxis

Zumindest auf den ersten Blick erscheint die gegenwärtige Situation einigermaßen paradox: Urbane, abwechslungsreiche Städte mit vielfältigen Nutzungen und Milieus, mit kurzen Wegen und einem regen, von gegenseitiger Toleranz geprägten öffentlichen Leben, all das entspricht dem Wunschbild der meisten Stadtbewohner. Es entspricht auch dem Wunschbild der meisten Architekten und Stadtplaner und wird – weil Planer ihre Wunschbilder meist Leitbilder nennen – durch das Leitbild der europäischen Stadt verkörpert. In weiten Teilen der europäischen Stadt sieht die Wirklichkeit jedoch anders aus: Dort existieren Wohngebiete, Industriegebiete, Sondergebiete für Kliniken, für Hochschulen, für großflächigen Einzelhandel etc., also Gebiete, die im Wesentlichen für einen definierten Nutzungstyp ausgelegt sind und einer (möglichen) Vielfalt der Nutzungen geradezu entgegenwirken sollen. Warum fallen hier Wunsch und (geplante) Wirklichkeit so systematisch auseinander? Ist womöglich die Wunschvorstellung von der durchmischten Stadt allzu romantisch, gespeist aus der kollektiven Erinnerung an die vorindustrielle, mittelalterliche Stadt – oder gibt es Tendenzen, Prozesse und Kräfte, die diese Wunschvorstellung doch (wieder) realistisch, vielleicht sogar alternativlos erscheinen lassen?

   In den letzten Jahren hat ein grundlegender Paradigmenwechsel stattgefunden: Die Debatte über Wachstum und Nachverdichtung hat vielerorts die Suche nach angemessenen Schrumpfungsstrategien abgelöst. Gesellschaftliche Veränderungsprozesse sowie ökologische Herausforderungen erfordern eine kleinräumige Verflechtung unterschiedlicher Stadtfunktionen. Vor diesem Hintergrund scheint das alte Prinzip der Nutzungsmischung als Paradigma der städtebaulichen Planung und Immobilienentwicklung einen neuen Aufschwung zu erleben. Ist nicht gerade der Paradigmenwechsel, der in den letzten Jahren stattgefunden und mit voller Wucht Einzug in unsere Städte gehalten hat, eine neue Chance, einen nutzungsgemischten Städtebau zu befördern? Eines scheint sicher: Die Planungspraxis steht vor vielfältigen Herausforderungen, die mit neuen Konzepten, Strategien und Planungsprozessen beantwortet werden müssen.

»Das Leitbild der kompakten, nutzungsgemischten Stadt der kurzen Wege sowie die damit verknüpften Methoden einer nachhaltigen und integrierten Stadtentwicklungspolitik haben sich auch in der Pandemie als verlässliche Richtschnur erwiesen.«

— Memorandum Urbane Resilienz
  (Bundesministerium des Inneren, für Bau und Heimat)

Nutzungswandel: von der Industrie- zur Wissensgesellschaft

Wer auf derartige Fragen Antworten sucht, muss sich mit den grundlegenden Triebkräften räumlicher Entwicklung befassen und wird dabei feststellen, dass – abgesehen von Krieg und Katastrophen – es vor allem die Ökonomie ist, die die Städte verändert: Sobald sich die ökonomischen Grundlagen eines Raums, einer Gesellschaft wandeln, ändern sich naturgemäß Struktur, Gebrauch und Funktionsweise dieses Raums. Häufig ist dies verbunden mit energetischen und grundlegenden technischen Innovationen; so haben beispielsweise Dampfmaschine, Eisenbahn, Elektrizität (und später das Automobil) das Industriezeitalter begründet – und damit auch die Stadt des Industriezeitalters, die sich fundamental von der Stadt des Mittelalters oder den Residenzstädten des Barocks unterscheidet. Das Prinzip dieser Stadt der Industriegesellschaft ist das der Arbeitsteilung: Die Charta von Athen mit ihren räumlich separierten Funktionsbereichen Wohnen, Arbeiten, Versorgung und Erholung ist nicht nur eine Reaktion auf die mit dem enormen Stadtwachstum verbundenen Probleme (Bevölkerung, Industrie, Verkehr), sondern setzt das Grundprinzip jenes Zeitalters – eben das Fordistische Modell des Neben- respektive Nacheinanders einzelner, spezialisierter (und beliebig wiederholbarer) Tätigkeiten – in eine leitbildhafte Vorstellung von Stadt um. Dass eine Stadt aus Wohngebieten und Industriegebieten, aus Geschäftszentren und Naherholungsbereichen besteht, dass diese Teile der Stadt ihrem jeweiligen Zweck gemäß zu optimieren sind und dass diese Funktionsbereiche einer Stadt mit einem leistungsfähigen Verkehrssystem untereinander zu verknüpfen sind, all das ist über viele Jahrzehnte das Credo der offiziellen Stadtplanung gewesen und findet sich genauso in den Rechtsgrundlagen dieser Stadtplanung, beispielsweise dem Baugesetzbuch (BauGB) oder der Baunut-zungsverordnung (BauNVO), wieder.

Für diese räumliche Trennung gab es und gibt es selbstverständlich gute Gründe, denn oft lassen sich Nutzungskonflikte zwischen zum Beispiel großflächigen Industrieanlagen und Wohnsiedlungen gar nicht anders (oder kaum effektiver) lösen. Es ist ein einfaches und zumeist eindeutiges Prinzip: Jeder Ort in der Stadt hat seine Funktion, seine *Bestimmung*. Es bedeutet aber auch, dass jene, die in einer Stadt wohnen, arbeiten, sich versorgen und sich erholen wollen, ständig zwischen diesen spezialisierten Bereichen einer Stadt hin- und herpendeln, also zwangsläufig mobil sein müssen: Die autogerechte Stadt, ein anderes Leitbild aus den 1950er und 1960er Jahren, ist da eine nahezu zwangsläufige Folge dieses Prinzips der Funktionstrennung.

Mit dem Wandel von der Industrie- zur Wissensgesellschaft stellt sich jedoch die Frage, ob sich nicht ohnehin die Geschäftsgrundlagen für die räumliche Organisation von Stadt verändern: Wohnen und Arbeiten werden mehr und mehr kleinräumig kombiniert, Arbeiten wird generell sehr viel wohnverträglicher, weil aufgrund des technologischen Fortschritts umweltverträglicher produziert werden kann und der Anteil industrieller Produktion am gesamten Wirtschaftsgeschehen seit vielen Jahren zurückgeht. Genauso werden auch die Funktionen Versorgung und Erholung immer häufiger kombiniert – besonders offensichtlich in den Shoppingmalls und Entertainment Centers, ohne die gegenwärtig kaum eine Strategie zur Revitalisierung von Innenstädten auszukommen scheint. Und schließlich beobachten wir neue, eher ungeplante Kombinationen, die vor allem darauf zurückzuführen sind, dass ganz unterschiedliche Nutzungen mitunter ähnliche Standortanforde-

rungen aufweisen: beispielsweise Gewerbe-
gebiete, die durch die Ansiedlung von großflächigen Fachmärkten und kommerziellen Sport-
und Freizeiteinrichtungen zu Mischgebieten neuen
Typs geworden sind.

Wir stellen demnach fest, dass sich unter
postindustriellen Bedingungen nicht nur die
alten Nutzungen räumlich neu, nämlich anders
ordnen, sondern teilweise auch zu *neuen* Nut-
zungstypen entwickeln. Von besonderem Interesse
sind dabei jene Felder, die für den Übergang zur
Wissensgesellschaft auch besonders wichtig sind:
Dies sind zum einen die Bildungseinrichtungen
einer Stadt, gewissermaßen die klassischen Produktionsstätten von Wissen, zum anderen jene
wissensbasierten Branchen, die gegenwärtig unter
dem Begriff *Kreativwirtschaft (creative industries)* zusammengefasst werden.

Bildung und Wissen werden in immer mehr Städten als zentrale Faktoren der Stadtentwicklung betrachtet. Das betrifft einerseits das veränderte Aufgabenverständnis von Schulen in ihren jeweiligen Siedlungen oder Stadtteilen, die dort als Zentren des Gemeinwesens fungieren sollen und sich deshalb für verschiedenartige, nicht-schulische Funktionen und Nutzungen öffnen (Jugend-, Kultur- und Sozialarbeit, freie Bildungsträger, Erwachsenenbildung, Sport- und Gesundheitseinrichtungen etc.). Dafür braucht es neue Organisationsmodelle für die Zusammenarbeit öffentlicher und privater Einrichtungen in solchen multioptionalen *Bildungslandschaften*, aber auch Schulen, die stärker eigenverantwortlich entscheiden können, welches Maß an Öffnung und Mischung ihrer Arbeit zuträglich ist. An den meisten Schulstandorten dürfte eine solche engere Verknüpfung von schulischem und städtischem Leben sinnvoll und möglich sein; schwieriger wird es womöglich dort, wo Schulen in Stadtteilen mit hohen sozialen Spannungen gelegen sind, oder an jenen Mittelpunktschulen des ländlichen Raums, die vor Jahren als große Schulzentren *auf der grünen Wiese* errichten wurden.

Zum anderen betrifft es den künftigen Umgang mit Hochschulstandorten: Auch dort gibt es sehr unterschiedliche räumliche Ausgangssituationen, gleichwohl beginnt man in vielen Städten, die möglichen Synergieeffekte zwischen Universität und Stadt (*science and city*) städtebaulich zu flankieren (Hoeger & Christiaanse 2007). In solchen Städten werden Konzepte entwickelt, die entschieden weiter gehen als die schon bekannte Ergänzung von Universitätsstandorten mit Technologieparks, Gründerzentren etc.; die (vielfach nicht zu Ende gebauten) Hochschulstandorte sollen zu urbanen Quartieren mit einem möglichst hohen Maß an Nutzungsmischung entwickelt werden und aus frag-

Neue Nutzungsallianzen: Bildungslandschaften und kreative Stadträume

mentarischen räumlichen Situationen sollen lebendige Stadträume entstehen.

Seit einigen Jahren werden in der Fach-öffentlichkeit und im politischen Raum Publikationen und Konzepte um die *Creative City* (Landry 2000) bzw. die *Creative Class* (Florida 2003) diskutiert. Sie thematisieren die wachsende ökonomische und kulturelle Bedeutung von bestimmten Branchen, Berufsgruppen und städtischen Milieus für eine erfolgreiche Stadtentwicklung; im Vordergrund stehen Wirtschaftszweige wie die Medien-, Werbe-, Kultur- oder Designwirtschaft, aber auch andere, in erster Linie wissensbasierte und technologieorientierte Branchen. Sie werden in der Regel unter den Begriffen *Kreativwirtschaft* beziehungsweise *creative industries* subsumiert; gemeint sind »those industries which have their origin in individual creativity, skill and talent and which have a potential for wealth and job creation through the generation and exploitation of intellectual property.« (DCMS 2001: 4).

Menschen und Unternehmen, die in solchen wissensbasierten Feldern tätig sind, favorisieren Umgebungsbedingungen, die Richard Florida mit den Begriffen *talent*, *tolerance* und *technology* zu beschreiben versucht (Florida, a.a.O.): eine gut ausgebildete Stadtbevölkerung mit der Fähigkeit, innovativ und kreativ zu handeln, vielfältige, lebendige und kulturell anregende Milieus sowie eine gut ausgebaute technologische Infrastruktur etwa im IT-Bereich, den Medien oder den sogenannten *Life Sciences* (Biowissenschaften). Bevorzugte Stadträume für die *Creative Class* sind zum Beispiel Industrie-/Gewerbe- und Infrastrukturliegenschaften mit historischem Baubestand, Konversionsareale, Stadtquartiere mit einem hohen Besatz an Unternehmen der Kulturwirtschaft oder Stadtquartiere im Umbruch (mit vorzugsweise gründerzeitlicher Bebauung),

Campusquartiere oder kreative Spin-off-Räume. Häufig sind es Gebiete, die entweder als *Eroberungsräume* für junge Entrepreneure fungieren können oder sich bereits als lebendige Künstler-, Medien- oder *Szeneviertel* etabliert haben. Sie sind zumeist von kleinräumigen Nutzungsmischungen geprägt; dort, wo solche Kreativquartiere im Entstehen begriffen sind, werden Mischnutzungen zum konstitutiven Prinzip dieses Entwicklungsprozesses.

»Nutzungsmischung ist ein Ziel des Städtebaus, weil mit ihr Qualitäten wie Dichte, Lebendigkeit, Robustheit oder Räume für Öffentlichkeit verbunden werden.«

— BBSR

Zur Renaissance der Nutzungsmischung

Mit der engen Verflechtung der Stadtfunktionen Wohnen, Arbeiten, Bilden, Versorgen und Erholen knüpft das Leitbild der Nutzungsmischung unmittelbar an das Bild der europäischen Stadt mit einer kompakten und kleinteilig nutzungsgemischten Struktur an. Bereits 1961 beschrieb Jane Jacobs die Vorzüge der gewachsenen, funktional gemischten Stadt, die urbane Vielfalt und Dynamik hervorbringt (vgl. Kuder 2004: 180; Roskamm 2013: 10). Allerdings führen erst die Zuspitzung wirtschaftlicher und gesellschaftlicher Veränderungen sowie ökologischer Herausforderungen in den 1990er Jahren zu einem Umdenken in der Stadtentwicklung (vgl. Boeddinghaus 1995: 407; Deutscher Bundestag 1996: 46). Das Leitbild der nachhaltigen und europäischen Stadt löst die funktionalistische Moderne – zumindest auf dem Papier – ab und führt in Politik und Stadtplanung zu einer Renaissance der gemischten und kompakten Stadt der kurzen Wege (vgl. Jessen 2004: 92). Heute ist Nutzungsmischung mehr als nur ein politisch erklärtes Ziel und ein etabliertes Planungsprinzip zur Reaktivierung lange ungenutzter städtischer Potenziale und zur Bewältigung ökologischer Probleme. Zudem werden von der Nutzungsmischung Vorteile für ökonomisch und sozial benachteiligte Bevölkerungsgruppen erwartet (vgl. Saunders 2011). Der zunehmenden Fragmentierung der Stadtgesellschaft, die systematisch bestimmte Personengruppen ausgrenze oder Ansätze von *gated communities* produziere, werde mit eigenen Aktionszusammenhängen entgegengewirkt (vgl. Difu 2015: 6).

Aufgrund steigender Attraktivität der Städte als Wohn- und Arbeitsorte erleben urbane, nutzungsgemischte Quartiere eine hohe Nachfrage und haben sich zu einer regelrechten Vermarktungsstrategie des Stadtmarketings und der Immobilienbranche entwickelt.

Das alte Prinzip der Nutzungsmischung ist aktuell mehr denn je Bestandteil städtebaulicher Diskussionen und wird heute als Paradigma der städtebaulichen Planung und Immobilienentwicklung neu belebt. Mit der geplanten Novellierung der BauNVO durch Einführung der neuen Baugebietskategorie *Urbane Gebiete* soll nun der rechtliche Rahmen für eine kleinräumige bauliche Mischung von Wohnen und Gewerbe erweitert werden. Die Kategorie *Urbane Gebiete* verspricht eine höhere Flexibilität als die bisherigen Gebietstypen der BauNVO bei der Realisierung kleinräumiger Nutzungsmischung (vgl. BMUB 2016: 21 f.). Neben höheren baulichen Dichten ist auch eine Anpassung der Technischen Anleitung zum Schutz gegen Lärm durch eine Erhöhung der Immissionsrichtwerte vorgesehen (vgl. BMUB 2016: 29 f.).

Das nutzungsgemischte Quartier ist eng mit dem Anspruch verbunden, eine kompakte, urbane und lebenswerte Stadt der kurzen Wege zu entwickeln. Nutzungsgemischte Stadtstrukturen sind zwar kein Garant für kurze Wege, aber eine grundsätzliche Voraussetzung dafür. Ebenso ist Nutzungsmischung nicht der Schlüssel zu Urbanität, aber dennoch eine wichtige Komponente. Urbanität entwickelt sich durch ein Zusammenspiel gebauter und gelebter Strukturen und Räume, wie physischer Kompaktheit, Bevölkerungsdichte, urbane Architektur beziehungsweise Gestalt und Funktionsmischung sowie kulturelle Aspekte, Aneignungsmöglichkeiten von Raum und soziale Integrationsfähigkeit (vgl. Reicher 2014: 10). Dem Aspekt der Nutzungsmischung kommt damit eine Schlüsselfunktion bei der Entwicklung und Ausbildung lebendiger und urbaner Quartiere zu.

Die Mischung unterschiedlicher Stadtfunktionen auf kleinräumiger Ebene gilt als wesentliche Voraussetzung zur Entwicklung einer nachhaltigen, kompakten Stadt der kurzen Wege. Nicht nur ökologische Gründe sprechen für das Leitbild der Nutzungsmischung, sondern auch die gesellschaftlichen und ökonomischen Veränderungsprozesse erfordern kleinräumig nutzungsgemischte Stadtstrukturen. Die neue Attraktivität und das Wachstum großer Städte, der Wandel und die zunehmende Vielfalt an Lebens-, Arbeits- und Wohnmodellen, der wirtschaftliche Strukturwandel sowie nationale Nachhaltigkeitsziele verdeutlichen nur beispielhaft, dass eine Anpassung und neue Flexibilität städtischer Strukturen erforderlich ist (vgl. BSBK 2015: 75; BMUB 2015; ILS 2015). Demnach ist die nutzungsgemischte Stadt kein Selbstzweck, sondern ein Element der baulich-räumlichen und funktionalen Organisation einer Stadt.

Das Spektrum an mischungsaffinen Nutzungen und deren Nachfrage ist breit. Das gilt es standortadäquat zu aktivieren und durch die Entwicklung angepasster städtebaulicher Lösungen ein Nebeneinander unterschiedlicher Nutzungen zu ermöglichen. Neu entstandene Raum- und Nutzungstypologien eröffnen hier zudem zahlreiche Möglichkeiten. Mithilfe bauleitplanerischer Instrumente lässt sich die grundsätzliche Nutzungsstruktur in einem Quartier während des Realisierungsprozesses gezielt steuern. Der seit geraumer Zeit bekannte Bedarf, die existierenden planungsrechtlichen Regelungen den neuen Wirklichkeiten und Erkenntnissen anzupassen, ist – zumindest teilweise – mit der neuen Baugebietskategorie der BauNVO *Urbane Gebiete* beantwortet worden. Diese erfordert jedoch eine passgenaue Anwendung und stellt keinen Selbstläufer bei der Entwicklung urbaner, lebenswerter Stadtquartiere dar. Die neue Gebietskategorie eröffnet neue Möglichkeiten der Mischung und setzt gegebenenfalls bisher vorhandene Barrieren der Nutzungsmischung herab. Umso mehr

gilt es, die städtebauliche und funktionale Qualität nutzungsgemischter Quartiere zu sichern.

   Mit der zunehmenden Notwendigkeit von
Wachstum und Nachverdichtung verändern
sich auch die Typologien der Gebäude und damit
die Strukturen im Städtebau. An vielen Stellen
bedeutet Verdichtung ein verstärktes Bauen in der
Vertikalen, aber nicht mehr in Form des Hoch-
hauses mit monofunktionaler Büronutzung, sondern mit vertikaler Nutzungsschichtung: Eine
öffentliche Erdgeschossnutzung wird durch Kultur,
Dienstleistung und Wohnen in den Obergeschossen ergänzt. Und sogar die Immobilienent-
wickler haben mittlerweile erkannt, dass gemischt genutzte Hochhäuser die Option mit dem
geringsten finanziellen Risiko sind, denn die
nachfrageorientierten Nutzungsangebote gleichen sich letztendlich aus.

02.03

Körnigkeiten im nutzungs- gemischten Stadtquartier

Das Leitbild der Nutzungsmischung stößt auf breite Zustimmung und erscheint als Planungs- prinzip nachvollziehbar und selbsterklärend. Dennoch stellt es die Planungspraxis bei der Über- tragung vor schwer überwindbare Herausfor- derungen. Insbesondere weil eine Spezifizierung, welche Art und welcher Grad der Mischung idealerweise angestrebt werden soll, argumenta- tive Probleme hervorruft (vgl. Difu 2015: 13). Oft verbleibt dadurch eine abstrakte Idee von Nut- zungsmischung, die sich weder als Mischungs- ideal zusammenfassen noch als erfolgreiches Mischungsrezept formulieren lässt. Es stellt sich daher die Frage, wie Nutzungsmischung heute praktische Umsetzung in Stadtquartieren fin- den kann. Welche Grenzen und welche Möglich- keiten bestehen bei der Umsetzung von Nut- zungsmischung im Quartier? Wie sieht ein funk- tionsfähiges Nutzungsspektrum aus? Wie werden Nutzungen räumlich gemischt? Und welche Ein- flussfaktoren wirken sich auf die Mischung von Nutzungen in einem Quartier aus?

Die Körnigkeiten eines Quartiers ergeben sich aus dem Nutzungsspektrum im Quartier selbst und werden zusätzlich durch die Körnig- keiten im Quartiersumfeld beeinflusst. Je nach Nutzungsspektrum sowie Funktion und Lage des Quartiers gestalten sich die Körnigkeiten eines nutzungsgemischten Stadtquartiers im Detail sehr unterschiedlich. In den untersuchten Quartie- ren zeigt sich, dass Nutzungsmischung nicht als kleinteiliges Durcheinander von Nutzungen, son- dern als organisiertes Nebeneinander realisiert wird. Auch die vertikale Nutzungsmischung folgt klaren Prinzipien: Während das Erdgeschoss für Nutzungen mit hoher Kundenfrequenz genutzt wird, sind die Obergeschosse eher monofunkti- onal mit Wohnungen oder auch Büros sowie Verwaltungs- und Dienstleistungseinrichtungen besetzt.

MONOFUNKTIONALES WOHNEN

▼

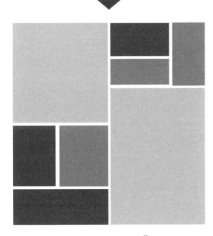

MISCHUNG DURCH ERGÄNZENDE
NUTZUNGEN

▼

VIELFÄLTIGE, KLEINTEILIGE
NUTZUNGSMISCHUNG

↖ *Körnigkeitsbild
der Nutzungsmischung*

Einflussfaktoren der Nutzungsmischung

Die Quartiersstrukturen und damit auch die Nutzungen und die Körnigkeit der Nutzungsstruktur im Quartier sind ein Ergebnis individueller Nutzungsansprüche sowie räumlicher, politischer und immobilienökonomischer Gegebenheiten vor Ort. Ein Stadtquartier erfüllt, beeinflusst durch die Lage und das Umfeld des Quartiers, eine gesamtstädtische Funktion, die wiederum die Mischungskonzeption eines neuen Stadtquartiers prägen. Die Funktion eines Quartiers wird darüber hinaus maßgeblich von politischen Schwerpunktsetzungen beeinflusst, die auf Grundlage aktueller Entwicklungsdynamiken getroffen werden. Je nachdem welche Funktion und Ausstrahlungskraft einem Quartier zugeschrieben wird, können bestimmte Nutzungen oder Mischungsgrade politisch erwünscht sein.

Die für das Quartier angedachte Nutzungsstruktur muss allerdings mit der Nachfrage auf dem Immobilienmarkt vereinbar sein. Der ständige Wandel auf dem Immobilienmarkt spiegelt sich meist schon während der Konzeption eines Quartiers in einem Wandel der Mischungskonzeption wider. Aktuell reagieren alle untersuchten Großstädte auf die hohe Wohnraumnachfrage und passen die Nutzungsstruktur neuer Stadtquartiere zugunsten von Wohnraum und zulasten anderer Nutzungen an. Mithilfe des Bebauungsplans und des städtebaulichen Vertrages hat die Stadtverwaltung aber zahlreiche Eingriffsmöglichkeiten auf die Mischungskonzeption eines Quartiers. In der Praxis zeigt sich, dass eine angedachte Mischungskonzeption durch einen klaren Planungswillen der politisch-administrativen Entscheidungsträger trotz immobilienökonomischer Dynamiken in einem Quartier realisiert werden kann.

Das Nutzungsspektrum eines Quartiers ist das Ergebnis einer gesamtstädtischen und kleinräumigen Bedarfs- und Nachfragesituation. Die Nutzungsstruktur eines Quartiers ist individuell und ortsspezifisch. Dabei werden die Zusammensetzung der Gebäudetypologien und der Wohnformen maßgeblich von der Nachfragesituation bestimmt. Je nach Wohnform werden die Körnigkeiten und die Form der Nutzungsmischung in einem Stadtquartier beeinflusst. So ermöglicht der Geschosswohnungsbau eine hohe bauliche Dichte und eine hohe Bevölkerungsdichte, die eine der Grundvoraussetzungen für zahlreiche weitere, vor allem haushaltsnahe Nutzungen ist. Außerdem erleben Wohnhochhäuser derzeit eine Renaissance, einerseits um der hohen Wohnraumnachfrage gerecht zu werden und andererseits stehen sie für die Wunschvorstellung von Urbanität. Während in den zurückliegenden Jahren die Investoren und Bauherren vor dem Hintergrund ökonomischer Aspekte für das monofunktional genutzte Hochhaus plädiert haben, erfährt derzeit das hybrid genutzte Hochhaus mehr und mehr Akzeptanz.

Das Einfamilienhaus findet sich in Quartieren mit städtisch geprägtem Umfeld tendenziell lediglich in Form von Stadthäusern beziehungsweise Townhouses. Stadthäuser eröffnen die Möglichkeit, Wohnen und Arbeiten unmittelbar zu kombinieren und trotz hoher Dichte einen Einfamilienhaus-Charakter zu schaffen.

Nutzungsspektrum in nutzungsgemischten Stadtquartieren

02.06

↘ *Wohnformen und deren Mischungsaffinität*

  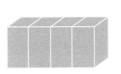 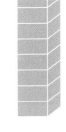

freistehendes Einfamilienhaus	Doppelhaus/ Reihenhaus	Stadthaus	Geschoss-wohnungsbau	Wohnhochhaus

erfordern eine grobkörnigere / horizontale Mischung der Nutzungen	erlauben eine feinkörnigere / vertikale Mischung der Nutzungen

Nicht alle Nutzungen der Kategorie Arbeiten und Produktion lassen sich problemlos in das nutzungsgemischte Quartier integrieren. Verwaltungs- und Bürogebäude sowie Gebäude mit Dienstleistungsgewerbe sind ein wesentlicher Bestandteil in neuen Stadtquartieren. Sie sind gut kleinräumig, aber auch vertikal mit anderen Nutzungen kombinierbar und sprechen die vorhandene Nachfrage auf dem Immobilienmarkt an. Neben haushaltsnahen Nutzungen, die auf eine hohe Kundenfrequenz angewiesen sind, findet sich insbesondere auch bürogebundenes Gewerbe mit wenig Kundenfrequenz in neuen Stadtquartieren. Forschungs- und Bildungseinrichtungen sind eine gut integrierbare Nutzung im Stadtquartier. Verarbeitendes und produzierendes (nicht wesentlich störendes) Gewerbe wird in neuen Stadtquartieren bisher nur unwesentlich berücksichtigt. Die Veränderungen dieser Branche in Richtung saubere und kundennahe Produktion und Verarbeitung ermöglichen zwar grundsätzlich eine Integration ins Stadtquartier, dieser Trend ist in den untersuchten Quartieren allerdings bisher nur als Tendenz ablesbar. Je nach Gewerbebetrieb kann es sich anbieten, diese neue Art der Produktion und Verarbeitung in einer Mischungskonzeption in Form von Gewerbehöfen in ein Stadtquartier zu integrieren. Es handelt sich aber um sehr spezifische Gewerbebetriebe, die sich gut mit Wohnbebauung kombinieren lassen. Zur Nahversorgung des Quartiers ist Einzelhandel ein wichtiges und auch gut integrierbares Element im Quartier. Aufgrund der Branchenstruktur im Einzelhandel ist es allerdings schwierig, kleinteiligen Einzelhandel und Lebensmittelmärkte mit geringen Verkaufsflächen anzusiedeln. Entscheidend für die Art und den Umfang von Einzelhandel in einem Quartier sind insbesondere die Versorgungsstruktur im Quartiersumfeld, die vorhandene Kaufkraft im Einzugsbereich und gegebenenfalls städtische Einzelhandelskonzepte (vgl. Klein, Reicher 2018).

Nutzungen der Nutzungskategorie Erholen sind wichtige, aber keine selbstverständlichen Bestandteile im nutzungsgemischten Quartier. Das Vorhandensein von Nutzungen des Erholens in einem neuen Stadtquartier ist stark von den Angeboten im Quartiersumfeld beziehungsweise der Gesamtstadt abhängig. Freizeit- und Kultureinrichtungen sind ein gut integrierbares Element im Quartier. Sie werden allerdings auf Grundlage gesamtstädtischer Versorgungsbedarfe platziert und sind daher kein selbstverständliches Element eines neuen Stadtquartiers. Diese Einrichtungen sind an eine gewisse Kundenfrequenz gebunden, die je nach Art der Einrichtung aus dem Quartier, dem Quartiersumfeld oder auch der Gesamtstadt generiert werden muss. Gastronomie ist ein gut integrierbares und häufig vorzufindendes Element in neuen Stadtquartieren. Das Vorhandensein von Gastronomie in einem Quartier ist von dem Angebot im Quartiersumfeld abhängig und ebenfalls an eine gewisse Kundenfrequenz gebunden.

Corona als Beschleuniger und Bremse für Mischung und Transformation

Mit der Coronakrise ist das Gefüge zwischen Wohnen und Arbeiten ins Wanken geraten. Zugleich sind Prozesse wie die Reurbanisierung und Regionalisierung auf den Prüfstand gestellt worden. Aber sind diese Phänomene nur eine kurzfristige Erscheinung oder handelt es sich um eine langfristige Entwicklung, die einen Paradigmenwechsel und neue Prioritäten in der Stadtentwicklung und für den Städtebau einfordern?

Von der Kehrseite der Urbanisierung: Verlierer und Gewinner

Es ist offensichtlich, dass die Städte stärker als die ländlichen Räume von den Veränderungen durch die Pandemie betroffen sind. Die Journalistin Laura Weißmüller bestätigt dies: »Das Corona-Virus trifft die Städte deutlich härter als das Land.« Sie spricht von der »Kehrseite der Urbanisierung« (SZ, 30.03.2020) und beschreibt, wie die Pandemie alles, was unsere Metropolen lebenswert und erfolgreich macht, nahezu in ein Horrorszenario verwandelt. Dabei habe die Coronakrise den Trend zur Umkehr der Urbanisierung verstärkt. »Das Interesse, etwas weiter draußen zu wohnen, steigt schon seit Längerem«, bestätigt Konstantin Kortmann (zit. n. Cash. 5/2021). Hieraus resultieren Forderungen nach der Abkehr von dem städtebaulichen Leitbild der dichten und kompakten Stadt, wie es nicht zuletzt die Leipzig Charta einfordert. Aber ist die physische Dichte tatsächlich das Problem, also ein Verstärker der Pandemie? Nein. Barcelona ist weniger stark von der Pandemie betroffen als Madrid. Thessaloniki nicht so stark wie Bergamo. An diesen Vergleichen sieht man, dass die Ursache weniger die Dichte ist als die Konnektivität im Sinne der globalen Vernetzung. Mit der Coronakrise wird das System der vernetzten Großstadt und der hochmobilen Bevölkerung zunehmend hinterfragt.

Das Wohnen in den Metropolen hat seit der Coronakrise an Attraktivität und damit an Nachfrage eingebüßt. Für einige Arbeitsplätze ist es mithilfe technischer Unterstützung nicht mehr notwendig, sich permanent am Arbeitsplatz (in der Stadt) aufzuhalten. Wer also nicht mehr täglich pendeln muss, nimmt eine höhere Entfernung von der Wohnung zum Arbeitsplatz in Kauf. Mit der Möglichkeit von Homeoffice und den Einschränkungen durch *Social Distancing* verliert der urbane Arbeitsort an Anziehungskraft und verliert an Bedeutung als Lebensmittelpunkt.

Corona hat gezeigt, dass manche gut von zu Hause aus arbeiten können. Homeoffice scheint zur neuen Normalität zu werden. Mit den Veränderungen der Arbeitswelt sinkt der Bedarf an Büroflächen. Brauchen wir die Bürotürme in den Innenstädten noch? Auch nach dem Abklingen der Pandemie werden viele Menschen zumindest teilweise weiter im Homeoffice arbeiten. Damit steigt der Flächenbedarf in der Wohnung, die jetzt zumindest mehr Raum für das Arbeiten bieten muss. »Wir lösen uns langsam von der Vorstellung, dass ein Großteil der Menschen morgens in ein Büro zur Arbeit geht«, wie Sascha Roesler dies treffend ausdrückt (Roesler 2020). Führende Unternehmen wie beispielsweise Novartis in Basel haben sich bereits neu justiert; sie werden Homeoffice permanent anbieten. In der Konsequenz bedeutet dies, dass auf dem *Novartis-Campus* ein Drittel der Arbeitsplätze nicht mehr benötigt und damit neue Nutzungen möglich werden (vgl. ebd. Roesler 2020). Ähnlich werden kurz- und mittelfristig viele Unternehmen agieren. In die bisherigen Dienstleistungs- und Büroquartiere werden perspektivisch andere Nutzungen Einzug halten und damit zur Vitalisierung dieser eher monofunktional geprägten und teilweise sogar vom Umfeld abgegrenzten Standorte beitragen. Corona fungiert also als *Türöffner* und Beschleuniger von Nutzungsmischung, die zunächst einmal nicht geplant war.

Diese Chance, die Funktionen Arbeiten, Wohnen, Kultur und Freizeit wieder näher zusammenzurücken, geht einher mit der Frage, welche Optionen sich aus den Grundrissen der Bestandsgebäude entwickeln lassen und wie die Gebäudestrukturen und Grundrisse von morgen generell aussehen müssen. Flexibilität und Nutzungsoffenheit werden demnach zu einer großen Herausforderung auf den verschiedenen räumlichen Ebenen: der Ebene der Stadt, des Quartiers, aber auch des einzelnen Gebäudes.

In dieser Phase der Haltlosigkeit wird eine Erkenntnis in der Stadtentwicklung zunehmend wichtiger: die Bedeutung von Widerstandsfähigkeit gegenüber Katastrophen und die Fähigkeit zur eigenständigen Erneuerung unserer Quartiere, Städte und Regionen nach einer Krise.

Ohne Resilienz wird kein wirklicher Fortschritt in unserer Gesellschaft möglich sein. In der Stadtplanung erfährt also *urbane Resilienz* eine ganz neue Relevanz. Die Corona-Pandemie wird irgendwann vorüber sein – die Klimakrise bleibt und wird sich verstärken.

Ein gutes Konzept von urbaner Resilienz muss den Kriterien des Klimaschutzes und der Klimaanpassung folgen. Es basiert auf mindestens fünf Fähigkeiten:

Robustheit: im Sinne eines widerstandsfähigen Umgangs mit Störungen

Flexibilität: ein flexibles Agieren auf Veränderungen (vgl. ILS 2020)

Lernfähigkeit: ein Lernen aus überstandenen Krisensituationen

Multidisziplinarität: ein Verfolgen von multidisziplinären Ansätzen

Ganzheitliche Lösungsansätze: Entwicklung von ganzheitlichen und integrierten Lösungen (vgl. Council of the European Union 2013)

Ein resilientes urbanes System umfasst nahezu alle Bereiche des Lebens, von der angesprochenen Daseinsvorsorge bis hin zu einem nachhaltigen Mobilitätskonzept, von der ressourcenschonenden Stadtentwicklung bis hin zur klimagerechten Stadtgestaltung mit nutzbaren unversiegelten Grünflächen. Es muss aber auch den Aspekt der Teilhabe einschließen, also Formen der Partizipation und des zivilgesellschaftlichen Engagements der Bevölkerung. Prozessorientierte Planungsansätze, denen es gelingt, Top-Down- und Bottom-Up-Ansätze intelligent miteinander zu verschränken, sind heute mehr denn je zukunftsfähig. Bestehende Konzepte und Strategien werden damit nicht obsolet, aber

Resilienz und Offenheit zur Überwindung von Nutzungs-konkurrenzen

eine integrierte Betrachtung und ein dialogorientierter Planungsprozess mit den Menschen vor Ort wird noch wichtiger.

Die gesellschaftliche Dimension von Stadt, das Verhältnis von Gebautem und gelebtem Raum, analysiert Richard Sennett sehr vielschichtig in seinem Buch *Die offene Stadt* (2018). Er fragt, wie eine offene Stadt aussehen kann, die Vielfalt, Unordnung und Veränderung nicht nur zulässt, sondern die Voraussetzung dafür schafft. Dieser Aspekt der offenen und hybriden Nutzung lässt sich auf die Freiräume beziehen, aber auch auf die Gebäude – in deren Wohnungen mehr denn je Homeoffice stattfindet – und auf die Straßen und Verkehrsräume – die autoarmen Innenstädte sind während des Lockdowns ohne offiziellen Erlass erprobt worden. Auch wenn Offenheit im Augenblick im Sinne von Ansteckungsgefahr vielfach negativ konnotiert ist, gehört dieser Aspekt uneingeschränkt zu einer guten Stadt dazu. Offene Strukturen sind in der Lage, veränderte Nachfragen nach Flächen und Nutzungen und die damit einhergehenden Konkurrenzen aufzulösen oder zumindest zu reduzieren.

Müssen wir nach der Pandemie völlig neu planen? Ja, aber differenziert. Corona ist ein radikaler Feldversuch, aus dem wir Schlussfolgerungen für das Planen und Bauen ziehen müssen. So wird die Rolle der Mobilität und des Freiraums in unseren Städten perspektivisch eine andere sein als heute. Die Verkehrswende hat einen enormen Schub erlebt. In vielen Städten sind Pop-up-Radwege entstanden und der Autoverkehr wurde zugunsten von öffentlichen Aktivitäten im Stadtraum eingeschränkt. Dabei ist die viel diskutierte Abkehr vom privaten Pkw – zumindest statistisch – lediglich ein Mythos. Der Blick zurück hat gezeigt, dass der Wandel von städtebaulichen Leitbildern und die Suche nach neuen Visionen für eine bessere Stadt das planerische

Handeln und Agieren seit jeher bestimmt hat. Es wird kein einfaches Patentrezept für die lebenswerte Stadt des 21. Jahrhunderts geben, schon allein deshalb nicht, weil sich die Lebensentwürfe permanent ändern. Das Ringen um Antworten und der gesellschaftliche Austausch hierüber sind jedoch relevanter denn je.

Es wird kein einfaches Patentrezept für die lebenswerte Stadt des 21. Jahrhunderts geben ...

Die Reaktivierung von brachgefallenen ur
untergenutzten Arealen stellt eine wichtig
Flächenreserve – insbesondere im urbane
Kontext – dar und ist damit eine zentra
Stellschraube zur Verringerung des Fläche
verbrauches insgesamt. Aus städtebauliche
Sicht wird urbanen Brachen eine besonde
Relevanz zugesprochen, weil sie große Cha
cen bieten, um Quartiere interessanter, l
benswerter und attraktiver zu machen, we
Bauprojekte in diesen Standorten wertb
ständiger sind als in Randlagen oder im län
lichen Raum und nicht zuletzt weil von e
ner qualitätsvollen Bebauung ein Mehrwe
für den Kontext generiert werden kann. M
jedem Projekt steigt das Know-how im Un
gang mit den Restriktionen, den Risiken ur
den Entwicklungshemmnissen einer Brac
flächenaktivierung.

Neue Quartiere auf Brachen

Glasmacherviertel Düsseldorf

Auftraggeber
Stadt Düsseldorf,
Glasmacherviertel
GmbH & Co. KG

Team
ISR Stadt + Raum GmbH,
Hannelore Kossel,
SSR – Schulten Stadt- und
Raumentwicklung, Förder
Landschaftsarchitekten

Auf dem Gelände der ehemaligen Glashütte in Düsseldorf-Gerresheim entsteht ein neues lebendiges Quartier. Vorhandene Baustrukturen, die Düssel als Fluss sowie Restriktionen aus dem Umfeld, die aufgrund von lärmintensiven Nutzungen und Verkehrswegen bestehen, definieren die Rahmenbedingungen des Standortes. Unter Einbeziehung des besonders markanten Gebäudebestandes wird ein Konzept entwickelt, dem es gelingen soll, wichtige Impulse für den umgebenden Stadtteil zu liefern, aber zugleich eigene neue Qualitäten zu definieren.

Die Umstrukturierung und Neudefinition des Standortes der ehemaligen Glashütte bietet die Chance, in Gerresheim ein neues Markenzeichen, den *Düssel-Park*, zu schaffen und den Kontext aufzuwerten. Neue räumliche Verflechtungen und Nutzungsbausteine sollen zu Synergieeffekten zwischen dem bestehenden Stadtteil und dem wiedergewonnenen Standort führen.

Charakteristisch für das städtebauliche Konzept ist die Berücksichtigung wichtiger vorhandener Blickbeziehungen und Achsen. Durch die Weiterführung und Verlängerung der bestehenden Straßen und Wege wird das Areal nicht nur geöffnet, sondern auch mit der umliegenden Bebauung verbunden und verzahnt. Die Wegebeziehungen, die Renaturierung der Düssel sowie die Ansiedlung kultureller Angebote sind Bausteine des übergeordneten Ziels, das brachgefallene Gelände zu aktivieren, zu beleben und neue Landmarken zu schaffen. Zentrale Punkte wie beispielsweise der *Glasturm*, der *Düssel-Park* oder auch das Bahnhofsgebäude werden

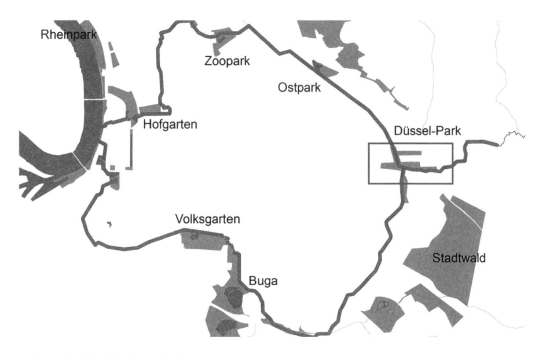

↘ Der Düssel-Park im System urbaner
Freiräume entlang der Düssel

Rheinpark

Zoopark

Ostpark

Hofgarten

Düssel-Park

Volksgarten

Stadtwald

Buga

↘ Lineare Parkstruktur, die vorhandene
Blickbeziehungen und Achsen aufgreift

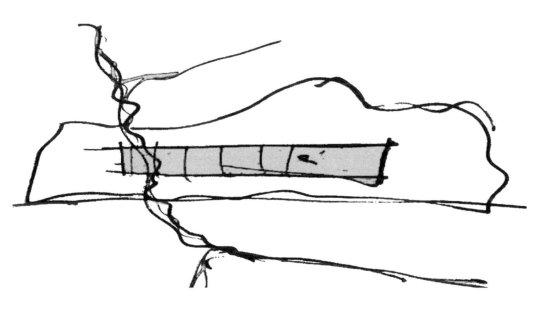

54

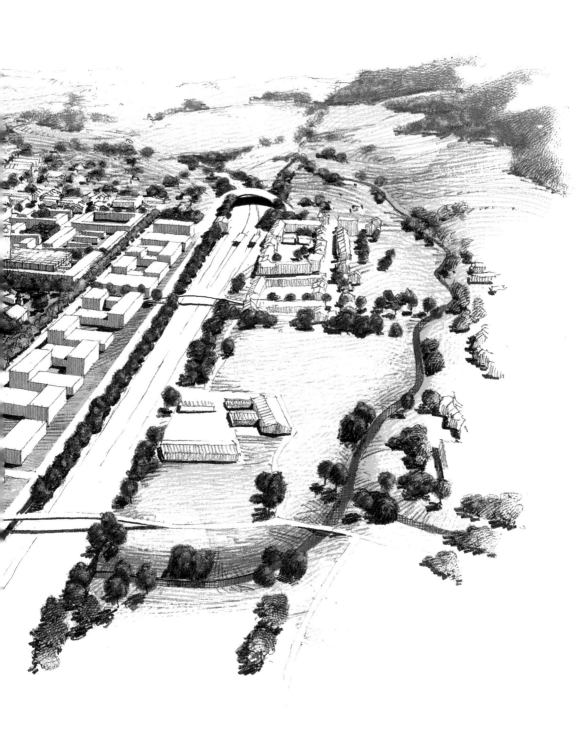

↖ Blick über das Glasmacherviertel,
Düsseldorf

55

dabei als identitätsstiftende Elemente genutzt, um die Kontinuität des Ortes zu gewährleisten und zugleich den Ort lebendig zu gestalten. Das Umfeld des Quartiers besteht aus dem gewachsenen Stadtteil Gerresheim. An den Stadtteil schließt das urbane *Heye-Quartier* mit dem *Heyeplatz* – im Westen der ehemaligen Glashütte – an. Aus der Brache wird ein lebendiger neuer Stadtteil mit einer Mischung unterschiedlicher Nutzungen und Typologien. Die Erdgeschosszonen des urbanen Quartiers werden aktiv für Dienstleistungen und Versorgung genutzt. Somit wird das *Heye-Quartier* zur Schnittstelle und Verbindung des bestehenden mit dem neuen Quartier.

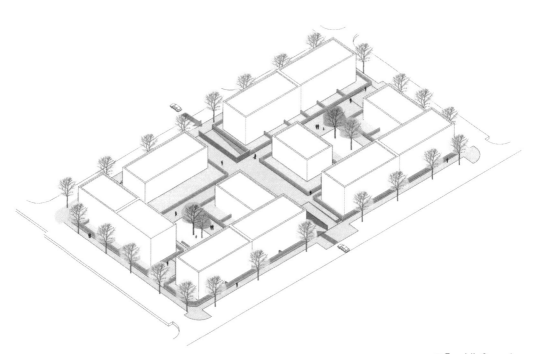

↖ *Erschließung des Glasmacherviertels*

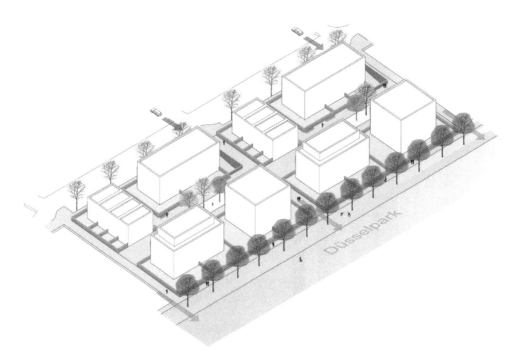

Besondere Akzente setzen die historischen baulichen Relikte der ehemaligen Glashütte. Der
Glasturm ist die Landmarke und Identitätsträger
des Ortes. Seine markante und klare Industrie-
architektur wird in eine zeitgemäße Formensprache überführt. Sichtachsen aus dem Bestand
durch das *Heye-Quartier* und aus dem Park binden
den Turm in das urbane Gefüge ein. Mit seiner
gastronomischen Nutzung und der Aussichtster-
rasse fungiert der Turm in der ersten Umset-
zungsphase als Attraktor für die Gesamtentwick-
lung des neuen Quartiers und bleibt langfristig
dessen lebendiger Mittelpunkt.

Weitere historische Gebäude wie die Energiezentrale und das Kesselhaus bieten Raum für soziale und kulturelle Nutzungen. Diese werden in den *Düssel-Park* eingebunden und schaffen identitätsstiftende Akzente im Freiraum. Umgeben wird der *Düssel-Park* von vielfältigen Wohnformen und -typologien, die in Form von offenen Blöcken gegliedert werden. Das robuste städtebauliche Grundgerüst ermöglicht eine hohe Flexibilität unterschiedlicher Wohnformen und nicht störender gewerblicher Nutzungen. Somit kann eine lebendige Mischung von Wohnen und Arbeiten entstehen.

04.01

↘ *Urbanes und flexibles Wohnen am Düssel-Park*

↘ *Urbanes und flexibles Wohnen am Düssel-Park*

↖ Lageplan Glasmacherviertel

Ennepepark Gevelsberg

Auftraggeber
GbR Ennepebogen
(Stadt Gevelsberg,
Sparkasse Gevelsberg,
Bauverein Gevelsberg, AVU)

Team
lad+
Landschaftsarchitekten

Die Transformation eines ehemals gewerblichen Areals zu einem Freiraum mit angrenzenden urbanen Nutzungen bietet der Stadt eine Fläche und Nutzungen, die von den Bewohnern in der Nachbarschaft gebraucht werden. Ein brachgefallener Industrie- und Gewerbestandort wird als Stadtraum zurückgewonnen und mit neuen Nutzungen aktiviert. Die Analyse der vorhandenen Stadtstruktur hat gezeigt, dass sich die Raumstruktur zwischen dem Fluss Ennepe und den Bahngleisen, bedingt durch die traditionell gewerbliche Nutzung, deutlich von dem übrigen Stadtgewebe abhebt. Durch Maßstabssprünge in der Baustruktur und Brüche in der Nutzung setzt sich der *Ennepebogen* vom Stadtkontext ab. Diese besondere Raumcharakteristik ist im Rahmen der städtebaulichen Neuordnung des brachliegenden Gewerbeareals beibehalten worden, während die angrenzenden Stadtbereiche in Anlehnung an die vorhandene Baustruktur weiterentwickelt worden sind. Das Konzept für den *Ennepebogen* basiert auf folgenden Leitgedanken und Zielen:
• die typologische Schichtung der Stadt klären und herausarbeiten,
• das Flussbett der Ennepe als verbindendes Band stärken,
• eine neue *grüne Mitte* als attraktiven, lebendigen Stadtraum entwickeln.
Dadurch wurde die Brachfläche nicht einfach, wie in ersten Überlegungen angedacht, zu einem Wohn- und Gewerbepark. Der zentrale Baustein des Gesamtkonzeptes ist der neue *Stadtpark*. Als städtischer Freiraum verknüpft er die angrenzenden Funktionen miteinander und

↘ *Modellfoto Ennepepark*

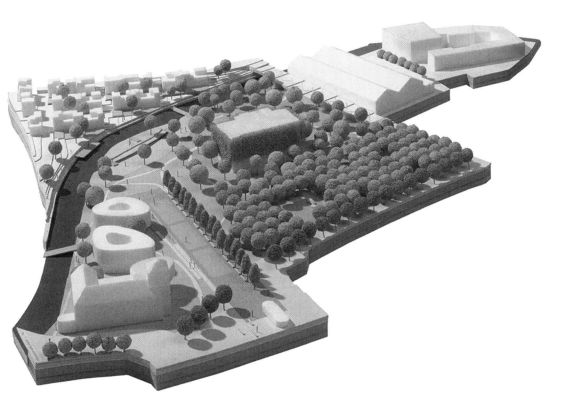

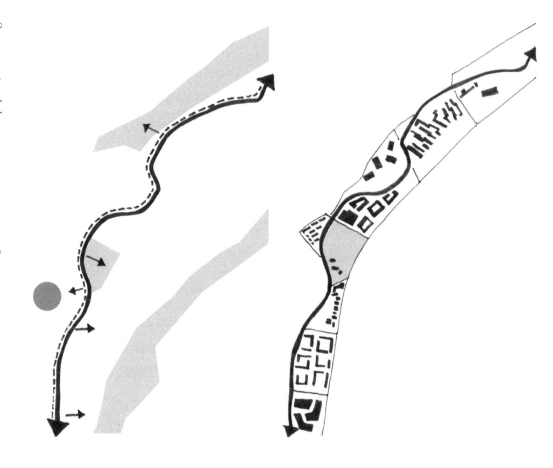

↖ *Freiräumliche Einordnung des Ennepebogens*

↖ *Lageplan Ennepepark, Gevelsberg*

65

bündelt die verschiedenen Freizeitaktivitäten. Fußgängerstege führen von der Promenade auf das östliche Ufer des Flusses, wo im Ennepe-bogen ein innerstädtischer Park entsteht. Der *Ennepestrand* ermöglicht erstmals einen in-nerstädtischen Zugang zum Fluss und dient dem Aufenthalt sowie dem Spielen. Darüber hinaus hat die naturnahe Ausbildung der Uferböschung einen hohen Freizeit- und Erholungswert.

Herzstück des neuen Parks ist die *Stadtter-rasse* vis-à-vis dem Rathaus: ein urbaner Bou-levard im Park zum Flanieren und Boule-Spielen sowie ein Aufenthaltsort und Treffpunkt. Der nördlich angrenzende Parkplatz wird mittels eines Baumrasters als Bestandteil des Parks wahr-genommen und bietet Raum für einen befestigten Veranstaltungsort, der Platz für Feste und Events aller Art schafft. Die Bausteine des neuen *Ennepeparks* sind sowohl im Hinblick auf ihre Nutzung als auch ihre Gestalt unterscheidbar.

Ergänzende Hochbauten rahmen den Park und schlagen eine Brücke zum urbanen Kon-text: Den Übergang zur Innenstadt bildet ein orga-nisch geformter Neubau – ein Dienstleistungs-zentrum als Solitär im Park. Mit einem neuen Ver-anstaltungssaal, der einen Ausblick in den Park und zur Ennepe bietet, schafft dieses Gebäude Raum für vielfältige interne und externe Ver-anstaltungen. Mit dem Neubau der Geschäfts-stelle der ortsansässigen Wohnungsbaugesell-schaft wird die vorhandene Stadtstraße räumlich gefasst und ein Entree zu einem neuen Stadt-quartier gestaltet.

↘ *Gestaltung des Ennepestrandes*

Der Bereich zwischen Ennepe und Garten-
straße wird zu einem urbanen Quartier mit
hoher Wohnqualität weiterentwickelt.
Dreigeschossige Gebäude greifen die Struktur der
angrenzenden Häuser auf und treppen sich
zum Ufer der Ennepe ab. Das Prinzip des Stadt-
hauses gewährleistet eine große Flexibilität im
Ausbau und schafft damit ein Angebot für unterschiedliche Nutzergruppen.

↘ *Gestaltung der*
Stadtterrasse

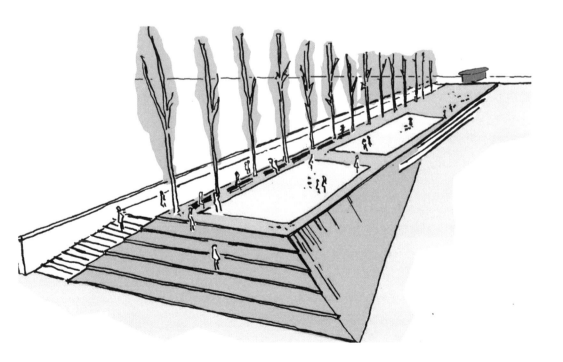

Neue Zeche Westerholt
Herten

04.03

Auftraggeber
Stadt Herten /
Stadt Gelsenkirchen

Team
GREENBOX Landschafts-
architekten, Dieter Blase

Die Entwicklung von neuen Wohn- und Gewerbegebieten auf den ehemaligen Berg- bauflächen ist spätestens seit der Internationa- len Bauausstellung Emscher Park eine geübte Tradition im Ruhrgebiet. Insbesondere für die pe- ripher liegenden Areale sind neue Strategien und Konzepte zur Reaktivierung gefragt. Für die ehemalige Zeche Westerholt auf der Stadt- grenze von Herten und Gelsenkirchen wurde dazu eine starke Idee für ein regional bedeutsames Konzept entwickelt.

Der innovative und regional bedeutsame Teil der Transformation der ehemaligen Zeche ist *der Wavegarden*. Im westlichen Teil der Berg- baubrache entsteht ein künstlicher See, auf dem im Minutentakt eine künstliche Welle zum Surfen erzeugt wird. Der *Wavegarden* wird zum Anziehungspunkt für Sportler und Neugierige aus der Region und somit zum Ausgangspunkt für die Umwandlung der Brache in ein *Kraftfeld* als Freizeit- und Gewerbestandort.

Das *Kraftfeld* entsteht aus dem Thema der neuen Energie- und der Feldstruktur des Standortes. Das Areal erzeugt Kraftfelder aus Energie, Wasser, Gemeinschaft, Freizeit und Gewerbe als neue Impulse für den Stadtteil und für die Region. Auf dem Standort werden zwei Dimensionen vereint: Zum einen wird die Fläche wieder in den Stadtteil integriert und lokal ein- gebunden, zum anderen kann der Stadtteil durch das Thema Energie für die KlimaExpo.NRW und durch den *Wavegarden* als Freizeitstandort regio- nale Bedeutsamkeit erfahren.

↖ Flug über den Wavegarden und
das Kraftfeld Westerholt

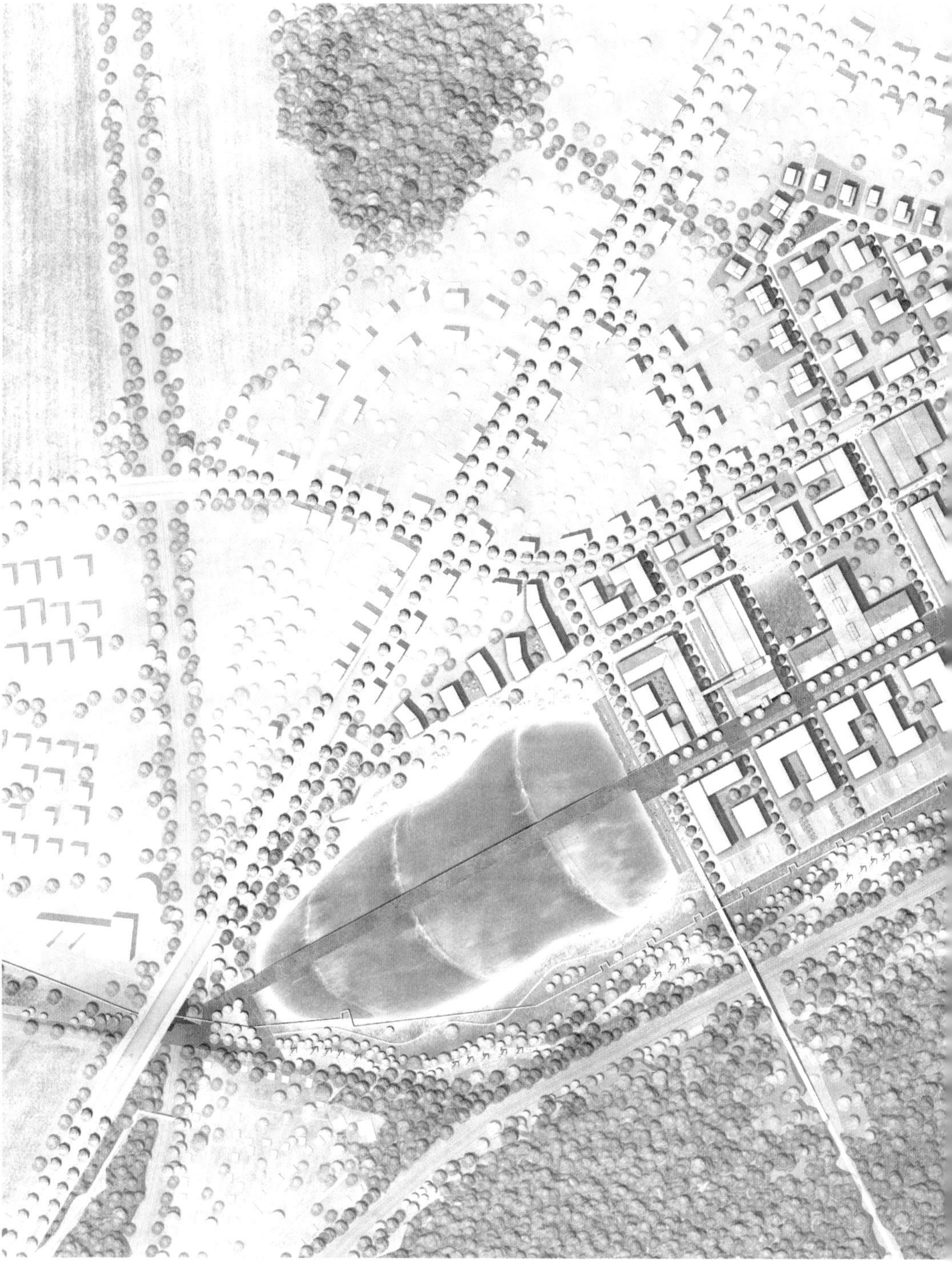

↖ städtbaulicher Lageplan
Wavegarden

Das *Kraftfeld Westerholt* wird durch ein starkes städtebauliches Grundgerüst geprägt. Im Zentrum steht die Scholle, die auf dem historischen Raster der Zeche beruht und von Grünzügen eingefasst wird. Den westlichen Auftakt des Quartiers bildet der *Wavegarden* als prägender Freiraum. Die ergänzenden Funktionen des *Wavegardens* verbinden sich mit dem Bestand zu einem neuen Baufeld in der westlichen Erweiterung der *Neuen Gartenstadt*. Wasser und Energie sind die Leitmotive der städtebaulichen Struktur. Die historischen Gebäude der Zeche werden mit dem Bürgerzentrum und den zentralen Funktionen zum öffentlichen Bereich des neuen Quartiers.

Die *Allee des Wandels* wird als neue Schlagader mitten durch das *Kraftfeld Westerholt* geführt und verbindet die Innenstadt Westerholts im Westen mit dem Stadtteilpark *Hassel* im Osten. Zwei übergeordnete Grünzüge queren in Nord-Süd-Richtung und schaffen die Verbindung zwischen Westerholter Wald im Süden und der Zechensiedlung sowie dem Landschaftsraum im Norden. Das *Kraftfeld* bettet sich in seine Umgebung ein, indem es an seinen Randbereichen auf den jeweiligen Charakter des angrenzenden Landschaftsraums reagiert und sie in einer einheitlichen Gestaltungssprache zusammenführt: im Westen die Felder des Biomasseparks Hassel, im Norden das lockere Grün der Gartenstadt, im Osten die Bahnhofstraße und die Innenstadt Westerholts sowie im Süden der Westerholter Wald.

In der Phase der Zwischennutzung werden in Bezug auf den im Westen angrenzenden Biomassepark Hassel die bereinigten, aber noch nicht bebauten Flächen als Felder zur Biomasseproduktion bereitgestellt. Somit wird auf der eben noch unattraktiven Brache quasi sofort die Qualität eines Landschaftsparks erzeugt. Mit dem Fortschreiten der Bebauung geht diese Nutzung langsam zurück. Vor allem in Form eines großen Schilfmeers aus Miscanthus wird die Biomasseproduktion weiterhin fortgeführt. Der im Süden anschließende *Westerholter Wald* wird zukünftig über den neuen Lärmschutzwall hinweg »schwappen« und bildet zusammen mit dem als Erdskulptur modellierten Wall (*the wave*) die räumliche Einfassung des Planungsraums im Süden.

↘ *Isometrie der Nutzungsverteilung von Wavegarden und Kraftfeld*

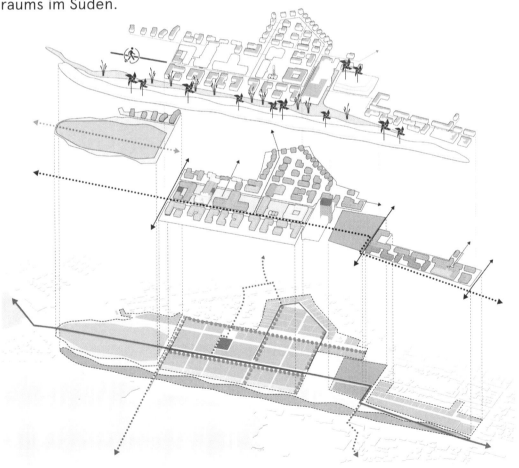

↖ *Allee des Wandels am Wavegarden*

04.04

Quartier de la Gare Mersch/Luxemburg

Auftraggeber
Commune de Mersch,
Ministère du Développe-
ment durable et des
Infrastructures

Team
Planergruppe GmbH
Oberhausen, ibk Ingenieur-
büro Kühnert, Ingenieur-
büro Wortmann& Scheerer,
Ingenieurbüro Schroeder &
Associés

Über einen ganzheitlichen Planungsansatz, der neben den ökologischen und wirtschaftlichen Belangen das Leben der Menschen in den Mittelpunkt stellt, wird ein zukunftsorientiertes Pilotprojekt für Luxemburg entwickelt. Das ehemals gewerblich genutzte Areal, von dem Fluss Alzette im Norden, Osten und Süden umschlossen und durch die Bahn im Westen vom Zentrum Merschs abgetrennt, wird zu einem hochwertigen neuen Stadtteil entwickelt. Gestalterische und atmosphärische Aspekte tragen dazu bei, dass das neue nachhaltige Stadtquartier eine hohe Aufenthalts- und Lebensqualität bietet. Die städtebauliche Integration des ehemals abgeriegelten *Alzettebogens* mit den hochwertigen Stadträumen Merschs ist dabei ein besonderes Anliegen.

Die räumliche und funktionale Anbindung des Plangebiets an bestehende Strukturen wird durch die Verknüpfung der Altstädte von Mersch und Beringen mit dem neuen Quartier über den Quartiersplatz als zentralem Scharnier hergestellt. An der westlichen Seite des neuen Quartiers entsteht mit der neuen Unterführung des Bahnhofs Mersch die Schnittstelle zur bestehenden Stadt und der Kern des neuen Quartiers. In diesem zentralen Bereich entlang der Bahn und an der Nord-Süd-Achse durchmischen sich Wohnen, Arbeiten und Nahversorgung.

Im gesamten Areal entstehen Mikroquartiere mit unterschiedlichen Wohntypologien und energetischer Optimierung. Der Übergang von der Stadt zur Landschaft wird dabei durch eine abnehmende Bebauungsdichte von der Bahn zur Alzette hin abgebildet.

↖ *Lageplan Quartier de la Gare*

Über eine angemessene Dichte und eine ausgewogene Nutzungsmischung mit unterschiedlichen Gebäudetypologien entsteht – im Zusammenspiel mit dem öffentlichen, gemeinschaftlichen und privaten Freiraum – ein Ort mit einer hohen Lebensqualität.

Durch eine enge Verzahnung der unterschiedlichen energetischen Bausteine wird ein Optimum an Energieeffizienz erreicht. Über den Umgang mit den vorhandenen Flächen in Verbindung mit flächensparenden Bauformen und Typologien entsteht ein urbanes und doch qualitätsvolles Quartier.

Die Nutzung regenerativer Energien und die energieeffiziente technische Gebäudekonzeption und Ausstattung ermöglichen eine positive Energiebilanz.

Durch zwei verbindende Landschaftsfugen mit unterschiedlichen Freiraumqualitäten werden sowohl die Landschaftsräume *Berg* und *Tal* miteinander als auch das neue Quartier mit den übergeordneten Naturräumen verknüpft. Die Entwicklung des *Erlebnisraums Alzette* ermöglicht den Bewohnern einen besseren Zugang zur Alzette und stellt dem Fluss mehr Retentionsraum zur Verfügung.

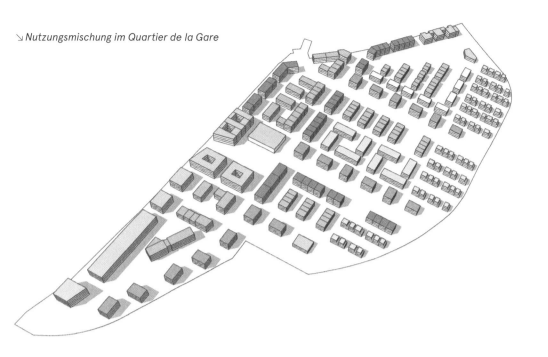

↘ *Nutzungsmischung im Quartier de la Gare*

↘ *Blick auf den Quartiersplatz am Bahnhof Mersch*

81

Lindgens Areal
Mülheim an der Ruhr

Auftraggeber
SMW GmbH
Projektentwicklung,
Stadt Mülheim an der Ruhr

Team
club L94
Landschaftsarchitekten

Die Umwandlung der ehemaligen Lederfabrik *Lindgens* in Mülheim an der Ruhr zu einem
neuen Quartier für Wohnen und Arbeiten berücksichtigt die historische Bebauung und ermöglicht durch eine klare Gliederung von Nutzungen und Funktionen eine gute Einbindung in den
Kontext.

Das städtebauliche Konzept für das *Lindgens Areal* basiert auf folgenden Leitgedanken
und Zielen:
• die Vernetzung mit der Umgebung funktional
und räumlich herstellen,
• ein hochwertiges und lebendiges Stadtquartier
mit hoher Wohnqualität entwickeln,
• ein starkes städtebauliches Grundgerüst
durch eine klare Zonierung der Baufelder und
atmosphärische öffentliche Räume bilden,
• die historischen Bestandsgebäude in Wert
setzen,
• das Verkehrsaufkommen in den Innenbereichen
minimieren.

Das neue Stadtquartier auf dem *Lindgens
Areal* fügt sich gut in die vorhandenen Be-
stands- und Freiraumstrukturen ein und wird als
attraktiver Standort für Wohnen, Arbeiten
und Freizeit mit einer hohen Aufenthalts- und Lebensqualität entwickelt. Die innere Struktur
verknüpft die durch Bestandsgebäude geprägte
Silhouette am Kassenberg mit der weitläufigen
grünen Ruhraue – so entsteht ein eigenständiger,
dem Ort entsprechender Charakter.

Das Quartier ist in zwei Bereiche gegliedert:
Ein urbaner Bereich um den zentralen Quartiersplatz (*Lindgensplatz*) integriert die Bestandsgebäude und sieht einen Schwerpunkt gewerblicher Nutzungen vor. Die bestehenden Gebäude

↘ Lageplan
Lindgens Areal

↘ Blick auf den Lindgensplatz
mit ehemaliger Lederfabrik

85

an der Hauptverkehrsstraße sollen gewerblich genutzt werden. In Verbindung mit Gastronomie bespielen sie den *Lindgensplatz*, der zum zentralen Freiraum des Quartiers wird. Zu den Freibereichen der Ruhraue orientieren sich vier großzügige Wohnhöfe, die durch drei markante Freiraumfugen strukturiert und mit der Umgebung verzahnt werden.

Die gewählte bauliche Struktur orientiert sich an den Gebäudehöhen der Bestandsbebauung und ermöglicht eine wirtschaftliche Entwicklung mit urbaner Dichte. Um die Bestandsgebäude am zentralen Platz entstehen urbane Höfe mit überwiegend viergeschossigen Baukörpern, die dem Platz eine Fassung verleihen. Ein fünfgeschossiges Punkthaus setzt einen Akzent auf der östlichen Platzseite und markiert den Übergang zur zentralen Freiraumfuge. Den südlichen Abschluss des urbanen Bereichs bildet eine viergeschossige Quartiersgarage, die auch zu den angrenzenden Gewerbenutzungen abschirmt. Die Erschließung des Areals erfolgt über eine Mischverkehrsfläche, die beide Bereiche verbindet und die Zufahrten zu den Parkmöglichkeiten gewährleistet.

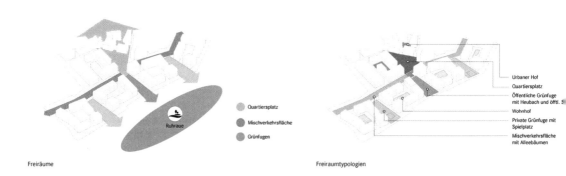

Freiräume

Quartiersplatz
Mischverkehrsfläche
Grünfugen

Freiraumtypologien

Urbaner Hof
Quartiersplatz
Öffentliche Grünfuge mit Heubach und öfftl. S...
Wohnhof
Private Grünfuge mit Spielplatz
Mischverkehrsfläche mit Alleebäumen

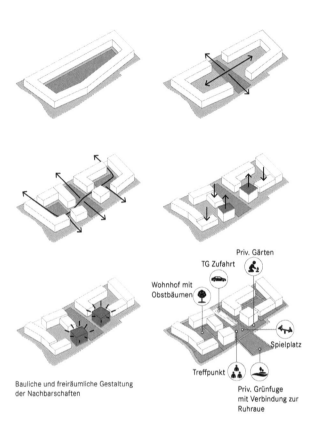

Bauliche und freiräumliche Gestaltung
der Nachbarschaften

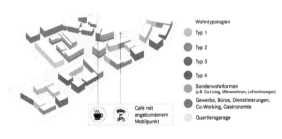

Nutzungen

↖ *Blick auf das Lindgens Areal*

89

Tempelhofer Damm Berlin

Auftraggeber
Senatsverwaltung für
Stadtentwicklung und
Umwelt des Landes Berlin

Team
LAND Germany
(Landschaftsarchitekten)

Das Tempelhofer Feld in Berlin stellt einen der außergewöhnlichsten und größten innerstädtischen Freiräume dar. In den vergangenen Jahren hat es vielfältige Diskussionen und Vorschläge gegeben, wie das Feld des ehemaligen Flughafens genutzt und gestaltet werden soll. Als Nahtstelle zwischen der bestehenden Stadt und dem Flughafenfeld war ein Wohnquartier vorgesehen, das sowohl einen Beitrag zur Schaffung von benötigtem Wohnraum als auch einen klaren Saum zum inneren Freiraum leisten sollte.

Die Suche nach einer spezifischen Urbanität für die städtebauliche Entwicklung der neuen Quartiere zwischen dem Tempelhofer Damm und dem Tempelhofer Feld hat zu folgenden städtebaulichen Leitgedanken geführt:
• Herstellung einer angemessenen Maßstäblichkeit zum Kontext,
• harte Kanten und differenziertes Inneres,
• Inwertsetzung des Flugfeldes durch qualitätsvolle Ränder,
• Balance zwischen Privatheit und Öffentlichkeit,
• Ausbildung von identitätsstiftenden Quartieren.

Die vorgegebene Maßstäblichkeit durch das große Flughafengebäude und das weite Flugfeld wird durch einen adäquaten Maßstab der Quartiere aufgegriffen und fortgesetzt. Diese Großstruktur wird im Inneren der drei Quartiere in klar identifizierbare Nachbarschaften auf den einzelnen Baufeldern gegliedert.

Die städtebauliche Grundstruktur mit einer geschlossenen baulichen Klammer zum Tempelhofer Damm ist dem aktiven Lärmschutz geschuldet und bildet das bauliche Rückgrat für die inneren Baufelder. Die Nutzungen folgen dieser Differenzierung zwischen lärmbelasteten und ruhigen Lagen.

↖ *Einordnung der Neuplanung
Tempelhofer Damm in den
umgebenden Bestand*

Zwischen dem öffentlichen Park und der baulichen Einfassung im Übergang zu den Quartieren sind Nutzungsoptionen (Freizeit, Gastronomie, hybrides Wohnen etc.) in den Erdgeschossen gegeben, um dem öffentlichen Charakter des Parks zu entsprechen. Eine klare, auf sich bezogene Strukturierung der einzelnen Baufelder und Nachbarschaften mit Freiräumen, die dem Wohnen die notwendige Ruhe und Privatheit bieten, wird unterstützt durch die Anhebung der Erdgeschosse als Hochparterre gegenüber den Erschließungswegen.

Die drei unterschiedlich geprägten Quartiere (*Quartier Nord, Quartier Mitte, Quartier Süd*) erhalten durch ihre bauliche Struktur und die interne Vernetzung jeweils eine eigene Identität. Die Verwandtschaft in der Bautypologie und Höhensilhouette stellt den Zusammenhang zwischen den Quartieren her. Das *Quartier Mitte* erhält einen kleinen Quartiersplatz, der mit gemeinschaftlichen Nutzungen als quartiersübergreifender Freiraum dient.

Die einmalige Freiraumqualität des Tempelhofer Feldes kann nur dann seine Potenziale voll entfalten, wenn die Ränder qualitätsvoll in Wert gesetzt werden und dem Freiraum einen Rahmen geben. Die Nahtstelle zum Park wird durch ein Wechselspiel aus niedrigen und hohen Gebäuden als abwechslungsreiche Silhouette betont. Eine urbane Kante zum *Taxiway* und Tempelhofer Feld bildet den Übergang zum Park. Von der differenzierten Silhouette der neuen Bebauung mit wechselseitigen Blickbeziehungen zwischen Freiraum und Bebauung profitieren die Bewohner und die Nutzer des Freiraums.

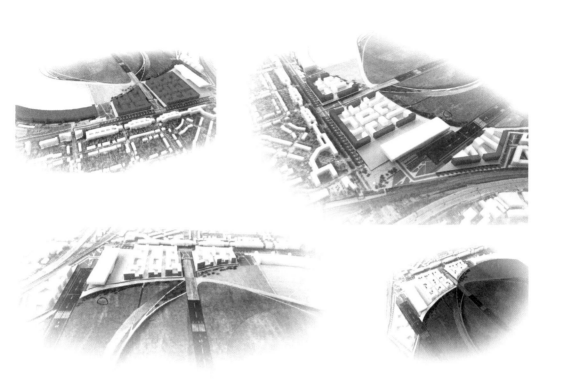

↘ *Urbane Kante zum Tempelhofer Feld*   ↖ *Urbane Kante zum Tempelhofer Feld*

Wunnquartier Stade Luxemburg

04.07

Auftraggeber
Stadt Luxemburg,
Luxemburg

Team
Hollweck Bingen Architects

Das Areal des ehemaligen Stadions wird im Kontext der dichten Struktur der Stadt Luxemburg weiterentwickelt. Zentrales Anliegen ist es, ein urbanes, hochwertiges und lebendiges Stadtquartier mit hoher Wohnqualität zu entwickeln. Darüber hinaus werden folgende Ziele verfolgt:
• die Vernetzung mit der Umgebung funktional und räumlich herstellen,
• eine prägnante Gliederung und Zonierung der Baufelder,
• öffentliche Räume mit Aufenthaltsqualität,
• vielfältige Wohnangebote in gemischten Baufeldern für unterschiedliche Nutzergruppen schaffen,
• die Einbindung historischer Bestandsgebäude und wichtiger Freiraumstrukturen umsetzen,
• eine Minimierung des Verkehrsaufkommens in den Innenbereichen erreichen,
• eine klimaverträgliche Quartiersentwicklung unter Berücksichtigung ökologischer Belange realisieren.

Über die vorgesehene Nutzungsmischung wird die räumliche Verschränkung der Funktionen Arbeiten, Wohnen und Öffentlichkeit hergestellt. Auf den Baufeldern an der Route d'Arlon entsteht eine flexible Mischnutzung aus Büros, Dienstleistungen und Wohnungen, wobei die Büronutzungen vor allem in den offenen Erdgeschosszonen sowie den Solitären untergebracht werden. Im rückwärtigen Bereich werden vielfältige Wohngebäude entwickelt, die von der Nähe zum Grünzug profitieren und räumliche Bezüge und Nachbarschaften herstellen. Unterschiedliche Wohntypologien wie Haus-in-Haus und gemeinschaftliche Wohnformen eignen sich auch gut für Baugruppen.

Das neue Stadtquartier wird in unterschiedliche Bereiche gegliedert. Durch eine vier- bis sechsgeschossige Blockbebauung, die neben Gebäuderiegeln auch Stadthäuser und vorspringende Solitäre vorsieht, entsteht eine bewegte Stadtkante. Gleichzeitig bleibt die Durchlässigkeit zum Ringlokpark im Inneren des Quartiers erhalten.

Im rückwärtigen Teil des Plangebiets werden sechs durch Grünfugen gegliederte Baufelder mit Wohnnutzung, analog zur Topografie, terrassenförmig angeordnet. Zu Wohnhöfen kombinierte, L-förmige Gebäuderiegel mit überwiegend vier bis fünf Geschossen bieten attraktiven Wohnraum mit Gemeinschaftshöfen und Freiraumbezug.

Beide Zonen werden vertikal durch die Rue du Stade erschlossen und horizontal durch eine ausgeprägte Grünzone miteinander verbunden, die im Südwesten den Freiraumanschluss zur Piscine Belair sowie im Nordosten zum Quartier Rollingergrund herstellt. Um die historischen Stallungen wird der neue Quartiersplatz als Gelenkpunkt und Zentrum des Quartierslebens verortet.

Öffentliche Nutzungen werden am Quartiersplatz konzentriert: Die historischen Stallungen werden zum Begegnungszentrum umgenutzt; gegenüber entstehen der neue Mehrzweck-Saal sowie eine Energie- und Mobilitätszentrale. Zur westlichen Quartiersseite wird die Kita mit dem Außenraum zur Grünfuge angeordnet.

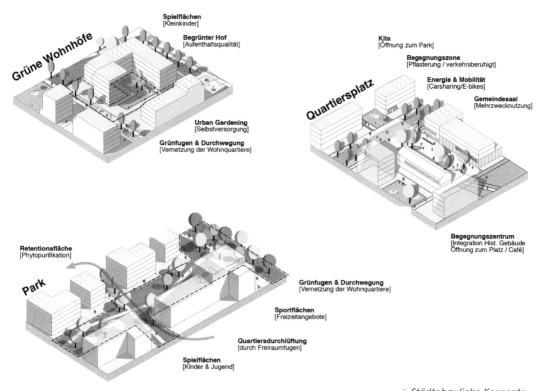

Grüne Wohnhöfe

Spielflächen
[Kleinkinder]

Begrünter Hof
[Aufenthaltsqualität]

Urban Gardening
[Selbstversorgung]

Grünfugen & Durchwegung
[Vernetzung der Wohnquartiere]

Quartiersplatz

Kita
[Öffnung zum Park]

Begegnungszone
[Pflasterung / verkehrsberuhigt]

Energie & Mobilität
[Carsharing/E-bikes]

Gemeindesaal
[Mehrzwecknutzung]

Begegnungszentrum
[Integration Hist. Gebäude
Öffnung zum Platz / Café]

Park

Retentionsfläche
[Phytopurifikation]

Grünfugen & Durchwegung
[Vernetzung der Wohnquartiere]

Sportflächen
[Freizeitangebote]

Quartiersdurchlüftung
[durch Freiraumfugen]

Spielflächen
[Kinder & Jugend]

↖ *Städtebauliche Konzepte*
Wunnquartier Stade

Ein Sportzentrum entsteht an der Route d´Arlon im Eingangsbereich der westlichen Grünfuge und nutzt Parkflächen für sportliche Aktivitäten. Die Tennisanlage wird in das nord-westliche Baufeld im Übergang zur Landschaft angeordnet, wo eine geringere Baudichte ver-träglich erscheint.

Für die zukünftige Entwicklung wird südlich der Route d´Arlon im Übergang zur Piscine Belair ein prägnantes Gebäude mit Hotelnutzung und Co-Working vorgeschlagen. Die Stellplät-ze aus dem bestehenden Parkhaus werden in die Untergeschosse des weiter östlich gelegenen Büro- und Wohngebäudes verlagert.

Rollingergrund

Grünzone Rollingergrund

Spielfläche

Mischverkehrsfläche

Anlieferung / Besucher

Wohnen V

V

V

TG

V Wohnen V V

Anlieferung / Besucher

Tennisverein III

Anlieferung / Besucher

IV-V

Fahrräder

Tennishalle

Urban Gardening

Tennisplatz

Spielfläche

V

Spielfläche

V

IV-V

Tennisplatz

Tennisplatz

Dachgarten

II

V

IV-V

meindesaal / ohnen

IV

Wohnen V

tiersplatz

Retention

Retention

Spielfläche

QuartiersPark

Spielfläche

Landschaftsbalkon

ungszentrum II

V

IV

Wohnen VI

VII

Stadthäuser/ Wohnen+ IV-V

V

V

V

Stadthäuser/ Wohnen+

V-VI Büro Wohnen

VI

II

Grundstücksgrenze

TG

Retention

V Büro Wohnen

VI

Fahrräder

On

Fahrräder

IV VI

III

Bus

Fahrräder

VI

III

VI

VI

TG

VI

IV

IV

IV

€

I

III

I

Hohfuhr Terrassen Lüdenscheid

04.08

Auftraggeber
Rothmann Immobilien
GmbH, Otto Quast
Fertigbau GmbH

Das ehemalige Areal der Kinder- und Jugendklinik zählt zu den bedeutendsten Flächenpotenzialen Lüdenscheids. Die Nähe zur Innenstadt und zu den Freizeit- und Naherholungsbereichen sowie die gute Anbindung machen es zu einem qualitätsvollen Wohnstandort. Die hohe Standortqualität, die sich ebenso durch die hochwertige Nachbarschaft und die ruhige und sonnige Lage am Südhang ergibt, bildet die Grundlage für die Entwicklung attraktiver Wohnangebote.

Mit den *Hohfuhr Terrassen* wird dieses Potenzial genutzt und ein Viertel entwickelt, das durch seine moderne Architektursprache und sein differenziertes Wohnangebot unterschiedliche Zielgruppen anspricht. Der zentrale Quartiersplatz bildet dabei einen Ort der Identifikation, der Kommunikation und ist Treffpunkt für die Gemeinschaft.

Die Architektur zeichnet sich durch ihre kubische Form und Materialität aus. Sie verkörpert eine zeitgemäße Modernität, eine hohe Wohnqualität und hebt sich von dem sonst üblichen Geschosswohnungsbau ab. Dabei sind die Gebäude durch eine einheitliche Handschrift geprägt, die in Verbindung mit dem Freiraum die unterschiedlichen Gebäude und Wohntypologien zu einem Ganzen zusammenfügt. Das aufgegebene Klinikgelände wird so zu einem neuen innerstädtischen Quartier – in zentraler Lage und mit einer hohen Lebensqualität.

↖ *Gestaltungsplan Hohfuhr Terrassen*

↘ *Hohfuhr Terrrassen nach Nordwesten im Jahr 2017*

↖ *Südansicht der Hohfur Terrassen*

04.09

Trabrennbahn als Seequartier Recklinghausen

Auftraggeber
Stadt Recklinghausen

Team
club L94
Landschaftsarchitekten,
BCE Björnsen Consulting
Engineers

Das Gelände der ehemaligen Trabrennbahn in Recklinghausen wird revitalisiert.
Hierdurch entsteht die Chance, den Stadtteil Hillerheide zu stärken, zu ergänzen und wieder attraktiv zu machen. Durch einen neuen See im Inneren des Geläufs der ehemaligen Trabrennbahn entsteht eine neue Adresse in Recklinghausen und ein attraktives Quartier mit mehr als 1.000 Wohnungen und ergänzenden Nutzungen.

Das Geläuf der *Trabrennbahn* ist das prägende Element – die Ikone des Ortes. In seiner Dimension und Freiheit bleibt das Geläuf auch in Zukunft erlebbar. Dieser innere Raum wird von Bebauung freigehalten und zu einem starken Freiraumelement mit größtmöglicher Qualität für Hillerheide: dem *Hillersee*.

Durch das Freihalten der Trabrennbahn kann die Freiraumqualität allen Bewohnern und Nutzern des Quartiers zugutekommen. Die neue Bebauung wird mit dem Bestand stark verwoben. Als verbindendes Element setzt sich die Freiraumschiene des Gertrudisplatzes nach Osten fort. Dieser Bereich bildet auch das erweiterte Zentrum der Hillerheide – zwischen Blitzkuhlenstraße und Marktplatz. Hier entsteht eine durchmischte Bebauung mit Dienstleistungen, Gewerbe, Schule und Wohnen, die sich um den neuen *Marktplatz* gruppiert. Die aktiven Erdgeschosszonen und der Pavillon auf dem Platz bieten Raum für Versorgung und Dienstleistungsangebote.

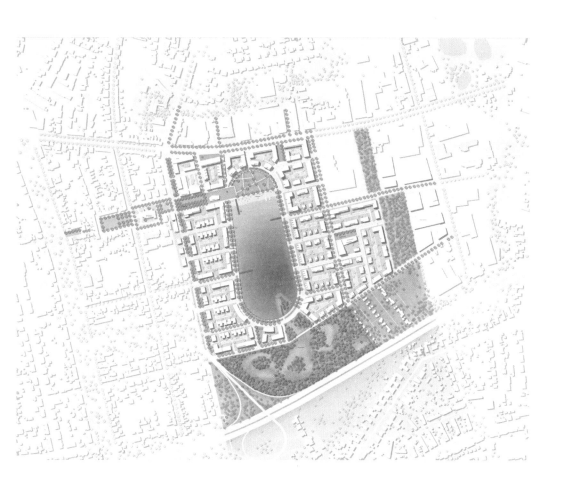

↖ Städtebaulicher Lageplan
Trabrennbahn, Recklinghausen

↘ *Breite Radwege entlang der Seekante*

Die Wohnbebauung besteht aus einer robusten und hoch flexiblen Blockstruktur mit vielfältigen Wohnangeboten, die sich zu Nachbarschaften formieren und zu einer guten Durchmischung beitragen. Drei- bis viergeschossige Geschosswohnungsbauten bilden die westliche Fassung des Sees; hochwertige Etagenwohnungen für unterschiedliche Nutzergruppen ergänzen die Quartiere. Innerhalb der Blöcke entstehen verdichtete Einfamilienhausstrukturen. Gestapelte Einfamilienhäuser bilden die östliche Kante zum See. Innerhalb der Blöcke und an markanten Punkten sind Baufelder für gemeinschaftliche Wohn- und Baugruppen geplant.

Das Quartier wird im Süden und Osten von naturnahen Bestandsgrünflächen eingefasst, die einen erlebbaren Puffer zur Autobahn und zum erweiterten Gewerbe bilden. Über Alleen und Wegeachsen erfolgt eine gute Vernetzung in die umgebenden Quartiere.

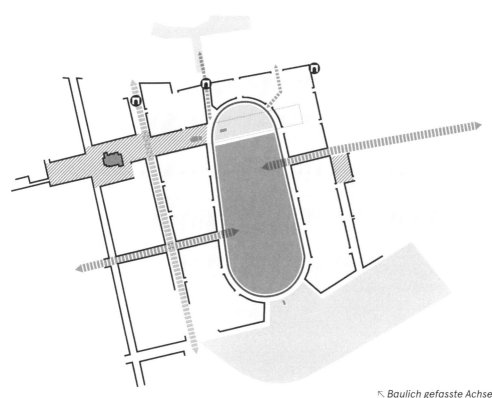

↖ Baulich gefasste Achsen und freiräumliche Verbindungen

↘ Freiräume mit vielfältigen Nutzungsmöglichkeiten

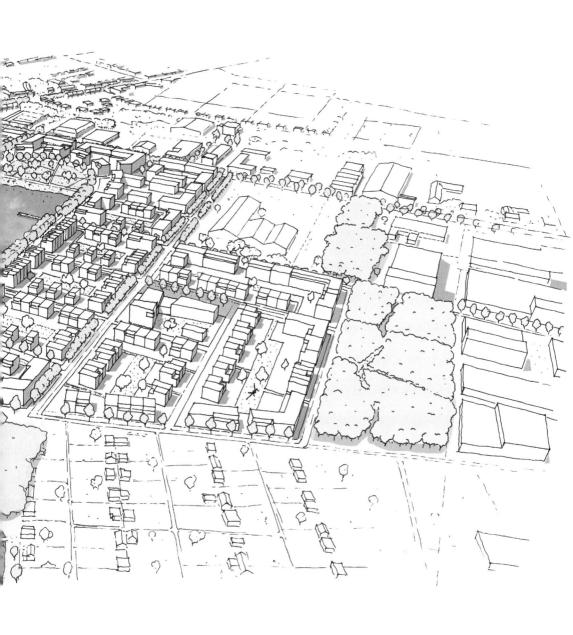

↖ *Vogelflug von Süden mit Blick
auf das Seequartier*

Emscher nordwärts: Hoesch-Spundwand-Areal Dortmund

04.10

Auftraggeber
Stadt Dortmund

Team
Planergruppe
Oberhausen GmbH

»Emscher nordwärts – Dortmund« – unter dieser Leitidee rückt die Stadt Dortmund ein großräumiges, innovatives und zukunftsweisendes Strukturwandelprojekt in den Fokus ihrer Stadtentwicklungsstrategie. Entlang der Emscher, von der Rheinischen Straße und den Brachflächen des ehemaligen Stahlunternehmens Hoesch Spundwand bis zur Kokerei Hansa, entsteht eine Entwicklungsachse, die Tradition mit Moderne und montanindustrielle Geschichte mit zukunftsweisenden Lebensräumen verbindet. Zugleich wird ein fünf Kilometer langes, lebendiges und grünes Wohn-, Gewerbe- und Freizeitband mit hoher touristischer und kultureller Attraktivität verknüpft.

Die zukünftige Entwicklung des Grünzuges im Kontext der Internationalen Gartenausstellung Metropole Ruhr 2027 wird diese industriell stark überformte Landschaft in seiner ganzen Expressivität zugänglich und erlebbar machen. Der Raum soll durch Höhepunkte akzentuiert werden, die sowohl Anziehungskraft erzeugen als auch Überblick verschaffen. Die von industriekulturellen Elementen geprägten Höhepunkte machen den Raum als Gesamtkomposition begeh- und wahrnehmbar. Damit er einen nachhaltigen und positiven Einfluss auf die Stadtentwicklung ausübt, müssen die Maßnahmen und Projekte miteinander verknüpft werden. Der Landschaftsraum nimmt dabei stadtklimatische, soziale und ökologische Funktionen wahr und fungiert als Verbindung zwischen Stadtkörper und offener Kulturlandschaft.

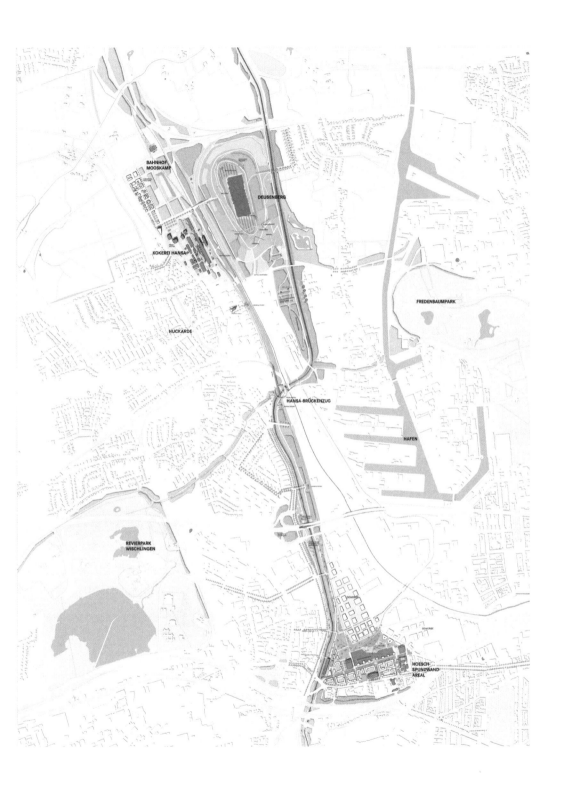

BAHNHOF MOOSKAMP

DEUSENBERG

KOKEREI HANSA

FREDENBAUMPARK

HUCKARDE

HANSA-BRÜCKENZUG

HAFEN

REVIERPARK WISCHLINGEN

HOESCH SPUNDWAND-AREAL

↖ *Entwicklungskonzept des Landschaftsraums Emscher*

Die Entwicklung der Flächen stellt dabei eine einmalige Chance dar, neue Verknüpfungen herzustellen und die verschiedenen Stadtquartiere zu verbinden. Den südlichen Auftakt dazu bildet das ehemalige Hoesch-Spundwand-Areal. Die Entwicklung der Brache zum inklusiven Quartier mit Möglichkeiten für Wohnen, Arbeiten, Forschen und Lehren erfolgt unter Berücksichtigung folgender Grundgedanken:
• Das Konzept soll inklusiv und integrativ gedacht werden, um die Menschen mitzunehmen.
• Die Freiraumentwicklung soll lokale Bezüge aufweisen und die Menschen einbinden.
• Durch eine starke Vernetzung in die umliegenden Quartiere sollen neue Verbindungen ermöglicht werden.
• Ein ökologisches Handeln bedingt die Förderung von lokalen Wirtschaftskreisläufen und ein energie- und ressourcenschonendes Produzieren und Leben.
Die historisch bedeutsamen Gebäude bleiben erhalten und bilden das Grundgerüst der städtebaulichen Struktur. Zwischen Emscherschlösschen und ehemaliger Dreherei spannt sich eine Wasserfläche auf. Eine robuste Blockstruktur ermöglicht einen flexiblen Nutzungsmix mit unterschiedlichen Wohntypologien. Richtung Norden entsteht ein Park mit Landschaftsbauwerk, der sich mit dem Grünzug entlang der Emscher verbindet.

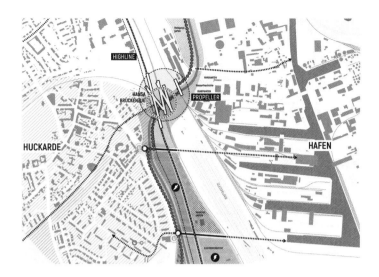

↘ *Strukturplan mit Landschafts-*
bauwerk Propeller und Highline
als Skywalk über Gleisharfe
und Emscher

↘ *Strukturkonzept Emscher*
nordwärts

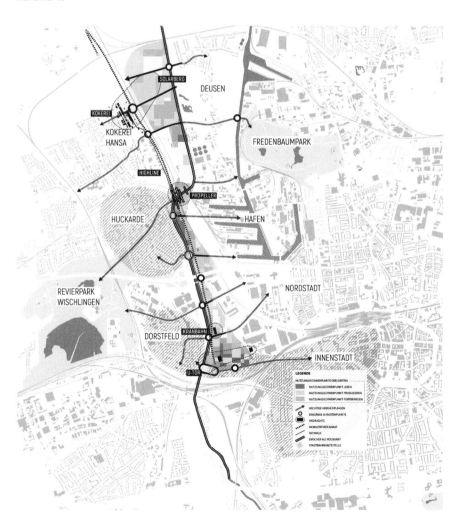

PARK

EMSCHERBAS

EMSCHER-
SCHLÖSSCHE

FELDHERRENHALLE

BAHNSTATION

ENTRÉE
EMSCHERFONTÄNE

116

GEWERBE

SCHAFTSBAUWERK

DREHEREI

PROMENADENACHSE

UNION
GEWERBEHOF

↖ *Strukturkonzept*
Hoesch-Spundwand-Areal

117

Ringlokquartier Donnerschwee Oldenburg

Auftraggeber
Stadt Oldenburg /
EWE AG Oldenburg

Team
club L94
Landschaftsarchitekten

Die ehemaligen Bahnflächen nordwestlich des Bahnhofs Oldenburg mit einer Größe von 5,2 Hektar stehen nahezu prototypisch für eine innerstädtische Brachflächenreaktivierung. Die zentrale Lage mit guter Anbindung verlangt eine hohe Dichte und Mischung von Funktionen. Gleichzeitig bestehen Herausforderungen des Lärmschutzes aufgrund der angrenzenden Bahntrasse.

Das *Ringlokquartier Donnerschwee* wird als attraktiver Standort für Arbeiten, Wohnen und Freizeit mit einer hohen Aufenthalts- und Lebensqualität in die Oldenburger Innenstadt integriert. In unmittelbarer Nähe des Hauptbahnhofs entwickelt sich das belebte urbane Quartier um den identitätsstiftenden ehemaligen Ringlokschuppen.

Der historische Ringlokschuppen ist der zentrale Bezugspunkt und konzentriert durch seine vielfältigen Nutzungen und Freiräume das öffentliche Leben im Quartier. Sein östlicher Vorbereich wird zum zentralen Quartiersplatz und gewährleistet auf diese Weise eine angemessene Inszenierung. Zentrales Freiraumelement ist der atmosphärische *Ringlokpark*, der sich nach Westen bis zum Ringlokschuppen erstreckt und die *grüne Mitte* des Quartiers bildet. Die Quartierseingänge im Norden und Osten werden durch Plätze akzentuiert und führen die Bewohner und Besucher über Grünelemente ins Quartier.

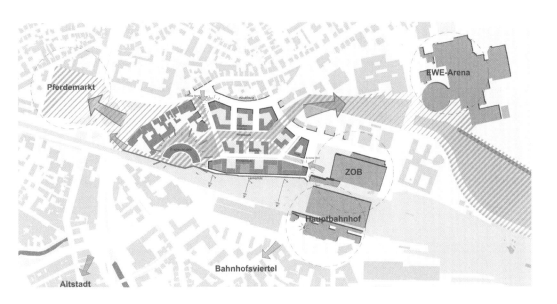

⌄ Städtebaulicher Rahmenplan des
Ringlokquartiers in Oldenburg

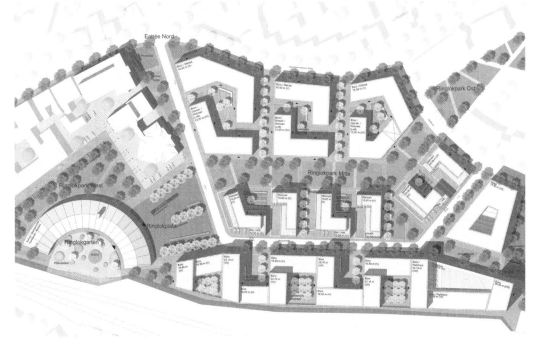

↖ Gestaltungsplan Ringlokquartier
Donnerschwee

Die Baufelder werden in drei unterschiedliche Bereiche gegliedert: Gegenüber der Bahntrasse und dem Hauptbahnhof wird durch eine
dichte, geschlossene, vor allem gewerblich genutzte Gebäudestruktur ein starkes Rückgrat im
Süden des Gebietes ausgebildet. Zum nördlichen Quartiersrand an der Donnerschwee Straße
bilden durchmischte Blockstrukturen eine
Raumkante und ermöglichen die Kontinuität des
Stadtraums. Gleichzeitig bleibt die Durchlässigkeit zum Ringlokpark im Inneren des Quartiers
erhalten. Entlang der grünen Mitte bieten gemeinschaftliche Wohnhöfe attraktiven Wohnraum
mit Freiraumbezug. Alle Gebäude sind modular
konzipiert und ermöglichen eine bedarfsorien-
tierte Aufteilung in unterschiedliche Büro-
und Wohnungsgrößen.

↘ *Räumlicher Strukturplan*
Ringlokquartier

↖ *Städtebaulicher Lageplan Ringlokquartier*

Durch eine Vernetzung mit bestehenden Straßen, Wegen und Freiräumen wird das Areal geöffnet und mit dem bestehenden Stadtraum verzahnt. Nach Osten wird eine übergeordnete Grünraumvernetzung zum Bereich der EWE-Arena vorgeschlagen sowie an die Freiraumstrukturen im Bereich des Bahnhofs angeknüpft. Im Westen wird die Verknüpfung in Richtung Pferdemarkt über die Attraktivierung der Wegeverbindung sowie des westlichen Eingangs hergestellt.

Werftdreieck
Rostock

04.12

Auftraggeber
Stadt Rostock

Team
foundation 5+ architekten

Mit der Entscheidung, das Entwicklungsgebiet *Werftdreieck* in Rostock als gemischtes Stadtquartier mit dem Schwerpunkt Wohnen zu entwickeln, rückt der bevölkerungsreiche Stadtteil Kröpeliner-Tor-Vorstadt näher an die Warnow.

Die neu geplante Max-Eyth-Straße separiert das Plangebiet in einen westlichen und einen östlichen Teil. Das östlich gelegene Planungsgebiet bildet zusammen mit der Europäischen Fachhochschule med und der neuen Bebauung am Platz des 17. Juni den Auftakt zum neuen Quartier. Die achtgeschossige städtebauliche Dominante an der Spitze des dreieckigen Grundstücks stuft sich in der Höhe ab und bildet den Übergang zu dem auf der westlichen Seite der Planstraße liegenden Wohngebiet. Den funktionalen Übergang zwischen dem Wohngebiet am Kayenmühlengraben und den Bereichen für Einzelhandel und Dienstleistung bildet ein Studentehaus.

Das Kundencenter des öffentlichen Nahverkehrs bildet den Kopf des Gebäudeensembles und ermöglicht eine hohe infrastrukturelle Anbindung. Der Platz des 17. Juni wird durch eine neue dreieckige Platzgestaltung, die mit einer begehbaren Skulptur an die Bürgeraufstände erinnert, neu inszeniert. Der kleinteilige Einzelhandel in der Erdgeschosszone belebt den Platz. Südwestlich des gesamten Bebauungsgebiets wird ein Grünraum als grünes Band entwickelt, das die Innenstadt mit dem Gewerbegebiet über einen Radschnellweg verbindet. An zentraler Stelle entstehen zwei Freiflächen: der *Neptunpark* und der Neptunplatz. Sie dienen als Mittelpunkt und Treffpunkt für die Bewohner des Quartiers wie auch für die Anwohner der näheren Umgebung.

Das Wohnquartier westlich der neuen Planstraße gelegen erhält am südlichen und westlichen Rand drei durchgehend viergeschossige
Gebäuderiegel, die ein starkes Rückgrat ausbilden und das Quartier von den Schallemissionen
der Lübecker Straße und der S-Bahn abschir-
men. Zugleich greifen sie die städtebauliche Struktur der Bebauung im Umfeld auf.

Das Wohngebiet westlich der neuen Planstraße ist in drei Bereiche gegliedert, die sich
durch unterschiedliche Gebäudetypologien und
Qualitäten auszeichnen. Die Quartiersmitte ist
durch zwei- bis dreigeschossige Gebäude mit Staffelgeschoss geprägt. Es werden kleine Gemein-
schaftshöfe mit Fußwegen und Gärten ausgebildet. Die gemeinschaftlich nutzbaren Wohnhöfe
im Norden des Plangebiets präsentieren sich zur
Werftstraße hin als viergeschossige Gebäude,
zum Teil mit Staffelgeschoss, die eine klare Raumkante zur Straße bilden.

↘ *Städtebaulicher Lageplan*
Werftdreieck

124

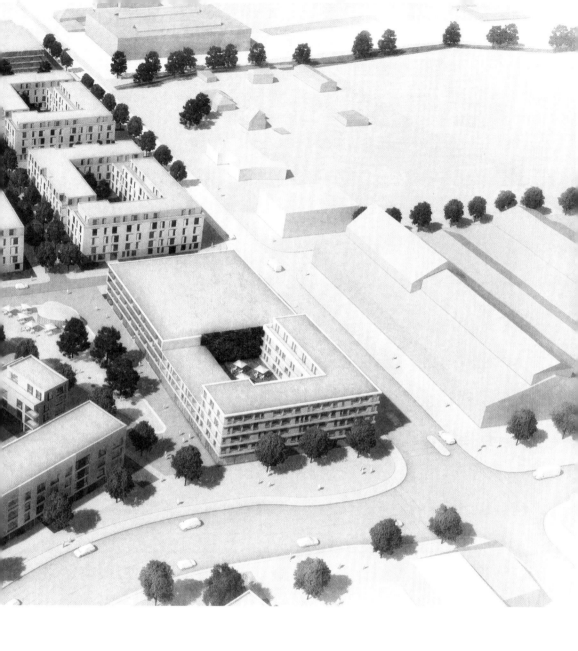

↖ *Das Werftdreieck aus*
der Vogelperspektive

125

Die gebaute Stadt ist in zweierlei Hinsicht vo
besonderer Relevanz: zum einen weil sie au
grund von steigenden Nachfragen nach Wohn
raum zunehmend unter Druck gerät und ein
qualitätsvolle Innenentwicklung braucht un
zum anderen weil viele Bestandsquartiere
die Jahre gekommen sind und neue städt
bauliche, ökologische und soziale Strategie
einer Inwertsetzung benötigen. Eine Weite
entwicklung des Wohngebäudebestandes wir
notwendig, weil sich die Bevölkerungsstru
tur, die Zusammensetzung der Haushalte, d
Lebensstile, die Ansprüche an das Wohne
und die Erwartungen an den Wohnkomfort i
Laufe der Zeit verändern. Auch der Bestand a
gewerblich genutzten Bauten erfordert au
grund von veränderten Produktionsabläufe
Flächenanforderungen und höheren gestalt
rischen Ansprüchen einen Relaunch.

Die Stadt im
Bestand weiterbauen

Quartier Horrem Dormagen

Auftraggeber
Baugenossenschaft
Dormagen eG

Team
GREENBOX
Landschaftsarchitekten

Die Siedlung Horrem in Dormagen bildet eine typische Stadterweiterung der Nachkriegszeit. Zeilenbauten und Punkthäuser sind über das Quartier mit einem hohen Grünanteil verteilt. Wohnungsbestand und Freiraum sind in die Jahre gekommen. Die ursprünglichen Qualitäten der Siedlung sind in vielen Teilbereichen durch veränderte Ansprüche immer weniger erkennbar. Das Ziel der Transformation ist es, eine neue Quartiersidentität insbesondere durch attraktive Freiräume zu schaffen. Darüber hinaus soll der Wohnungsbestand ergänzt werden.

Die Grundidee des Entwurfes basiert auf der Ausweitung des bestehenden Ringsystems, um den zentralen Raum als *grüne Mitte* erlebbar zu machen. Die durchgrünten Stichstraßen, die an den Ring anschließen, orientieren sich am bestehenden Verkehrssystem und unterteilen das Gebiet in unterschiedliche Nachbarschaften. Diese Nachbarschaften weisen aufgrund verschiedener Bebauungs- und Freiraumtypologien eigene Charaktere auf und fördern die Identifikation mit dem Ort, Nutzervielfalt und Begegnung. Durch die feingliedrigen Wegeverbindungen und grünen sowie urbanen Trittsteine in Form von Plätzen verschiedener Hierarchien werden sowohl die Nachbarschaften als auch die Bebauung mit dem Freiraum verbunden. Des Weiteren wird der außerhalb des Plangebietes gelegene Sportpark durch die durchlässige Bebauungsstruktur nördlich des *Bürgerparks* und über den neuen *Entréeplatz* angebunden. Um das gesamte Plangebiet legt sich ein schützender Grünsaum, der im Westen und Osten zum multifunktionalen Freizeitband ausgebildet wird.

Anstatt einer toten Gebäuderückseite zur Autobahn entsteht so ein attraktiver Freizeitbe-
reich, der das vielfältige Angebot an Freiflächen
abrundet.

↘ *Gestaltungsplan Quartier Horrem*
in Dormagen

Der nördliche Quartierseingang wird durch ein Tandem aus zwei Sonderbausteinen gebildet, die aus dem nördlichen Quartiershub und dem gegenüberliegenden Gebäude mit sozialen Einrichtungen bestehen. Diese heben sich sowohl in der Höhe als auch in ihren Proportionen von der restlichen Bebauung ab und schaffen so eine adäquate Eingangssituation. Insbesondere im westlichen Bereich werden abgängige Wohnbauten ersetzt, um das Wohnungsangebot zu erneuern und zu diversifizieren.

Die architektonische Konzeption des Wohnungsbaus basiert auf der Grundidee, maximale Flexibilität bei zugleich möglichst ökonomischer Umsetzung zu schaffen. Mit der Programmierung von flexibel kombinier- und anpassbaren Gebäudetypen wird diese Idee ausformuliert. Der Entwurf zeigt eine Kombination aus drei Geschosswohnungsbau- und zwei Reihenhaustypen, die sich in Ausrichtung und Gebäudetiefe unterscheiden und dabei jeweils auf ihr Umfeld reagieren. In den Geschosswohnungsbautypen sind Wohneinheiten unterschiedlicher Größen flexibel miteinander kombinierbar. Das Spiegeln der Typen ist problemlos und ohne einen Verzicht auf ideale Belichtung möglich. Die Treppenhäuser der Geschossbauten sind durchgesteckt und erhöhen damit die Durchlässigkeit der Nachbarschaften.

Durch das serielle Bauen von Basistypen, die durch ihr Raumraster jeweils vergrößer- und verkleinerbar sind, sowie die Vorfertigung baugleicher Teile wie Badezimmer- und Kücheneinheiten, Treppen und Balkone soll die kostengünstige Schaffung von neuem Wohnraum gewährleistet werden.

Ein weiteres bedeutendes Thema des Umbaus ist die Anpassung des Verkehrssystems, um die ursprüngliche starke Fokussierung auf den Autoverkehr zu verringern und das bestehende System interner Fuß- und Radwege zu stärken.

Um die Wohnbereiche von Verkehr zu entlas-
ten, sind an den Quartierseingängen drei Quartiershubs untergebracht, die circa die Hälfte
des ruhenden Verkehrs abfangen. Diese sind als
multifunktionale Knotenpunkte ausgestaltet
und beinhalten Infrastruktureinrichtungen wie
E-Ladesäulen, Carsharing, Blockheizkraftwerke
und Paketstationen für die Bewohner der umliegenden Nachbarschaften. Darüber hinaus hat
jeder der Quartiershubs einen eigenen thema-
tischen Schwerpunkt (Sport, Ernährung, Energie),
der sich jeweils aus ihrer Lage im Quartier ergibt.

↘ *Gestaltungsausschnitt*
des westlichen Quartiers

↖ Das Quartier Horrem
aus der Vogelperspektive

135

Leopoldquartier Wien

Auftraggeber
Stadt Wien, UBM
Development Österreich
GmbH

Team
Tillner und Willinger
Architekten

Das *Leopoldquartier* befindet sich nördlich des Wiener Zentrums zwischen Donaukanal und Augarten. Die bestehende Bebauung aus den 1970er und 1990er Jahren bedarf einer städtebaulichen Neustrukturierung und zeitgemäßen Programmierung. Das Areal im zweiten Bezirk ist eingebettet in unterschiedliche Wohnbaustrukturen, Dienstleistungsnutzungen und ein Umspannwerk. Aufgrund der heterogenen Enwicklung des Areals ist das Ziel, eine neue und einfühlsame städtebauliche Struktur zu entwickeln, die die Aspekte Dichte, Höhenentwicklung, Nutzungsmix, Grün- und Freiraum sowie Durchwegung berücksichtigt.

Die Neustrukturierung spannt ein grünes Band zwischen Donaukanal und *Augarten* auf, dessen Herzstück und zentraler Baustein eine *grüne Mitte* mit einer Wasserfläche bildet. Bestandsgrün und neu gewonnener Grünraum werden zu einem Freiflächensystem miteinander verwoben.

Das städtebauliche Konzept arrondiert die Bebauung an der Oberen Donaustraße mit einer angemessenen Höhe. Zugunsten eines zentralen Freiraums wird die Neubebauung auf zwei unterschiedlichen Baufeldern (*Konferenzhotel+* und *Wohnen+*) in kompakter Form in den Kontext eingefügt. Der Gebäudebestand stellt eine wichtige Ressource dar, dem höchster Respekt gebührt. Deshalb sieht das Konzept den Erhalt der Gebäude auf dem Bauplatz B (Umbau des Bürogebäudes zu City-Apartments) und auf dem Bauplatz C (Ergänzung durch Balkon- und Loggia-Schicht) vor. Die Bestandsbauten werden ökologisch und räumlich aufgewertet und angemessen erneuert.

Mit dem angrenzenden Gebäudebestand wird durch die sensible Höhenentwicklung der Neubauten respektvoll umgegangen. Dies ermöglicht den Erhalt der Belichtung bei den Bestandsbauten und verhindert Beeinträchtigungen der Wohnqualitäten im Umfeld.

Dem Anspruch an einen klimasensiblen und resilienten Städtebau wird durch einen großzügigen zusammenhängenden Freiraum mit integrierter Wasserfläche zur Kühlung und als Beitrag zum Regenwassermanagement Rechnung getragen. Im gesamten Quartier ist darüber hinaus der Erhalt des vorhandenen wertvollen Baumbestandes, eine Fassaden- und Dachbegrünung sowie eine optimierte Durchlüftung vorgesehen.

↘ *Räumliches Leitbild Leopoldquartier*

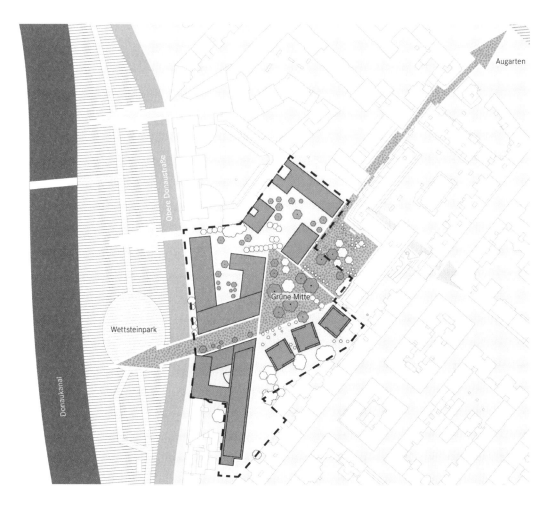

↘ *Thematische Piktogramme zu Bebauung und Nutzungen, Durchwegung und Raumabfolge sowie Freiraum und Klimasensibilität*

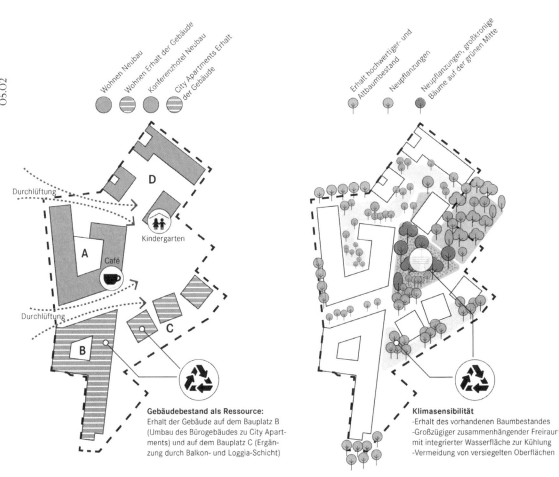

Wohnen Neubau

Wohnen Erhalt der Gebäude

Konferenzhotel Neubau

City Apartments Erhalt der Gebäude

Erhalt hochwertiger- und Altbaumbestand

Neupflanzungen

Neupflanzungen, großkronige Bäume auf der grünen Mitte

Durchlüftung

D

Kindergarten

A

Café

Durchlüftung

C

B

Gebäudebestand als Ressource:
Erhalt der Gebäude auf dem Bauplatz B (Umbau des Bürogebäudes zu City Apartments) und auf dem Bauplatz C (Ergänzung durch Balkon- und Loggia-Schicht)

Klimasensibilität
-Erhalt des vorhandenen Baumbestandes
-Großzügiger zusammenhängender Freiraum mit integrierter Wasserfläche zur Kühlung
-Vermeidung von versiegelten Oberflächen

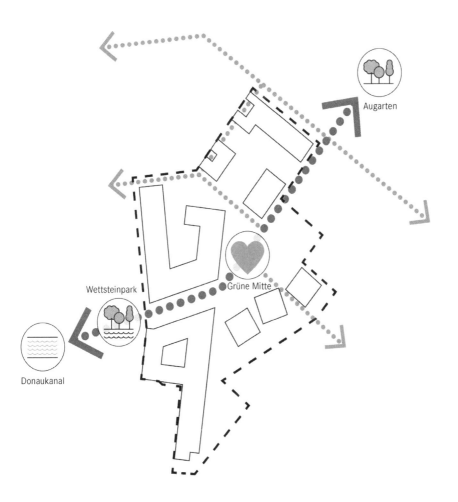

Augarten

Wettsteinpark

Grüne Mitte

Donaukanal

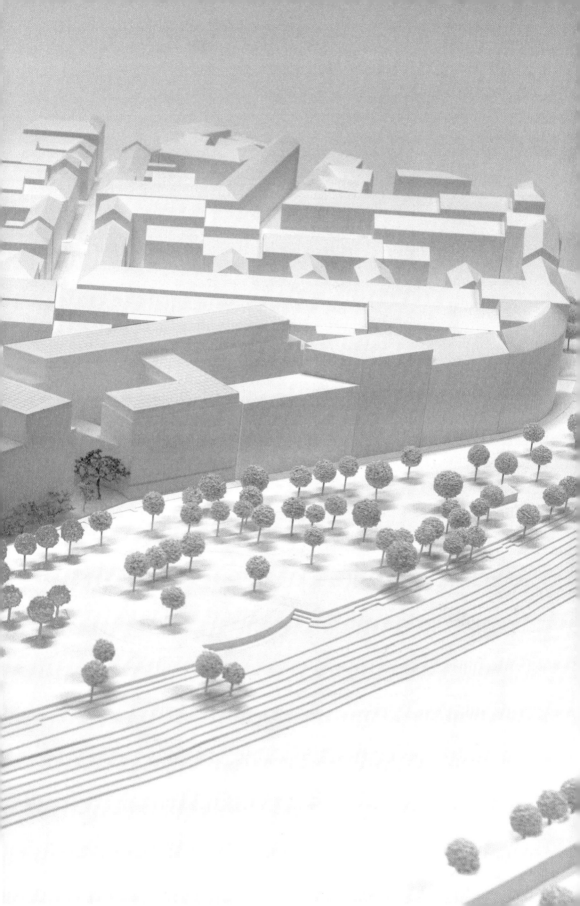

Bundesviertel Bonn

05.03

Auftraggeber
Stadt Bonn

Das ehemalige Parlaments- und Regierungsviertel in Bonn ist zur Drehscheibe international tätiger Organisationen und Großkonzerne geworden. Das Bundesviertel ist neben identitätsstiftenden Nutzungen durch den Bund und die Vereinten Nationen heute als moderner Dienstleistungsstandort geprägt. Ausgehend von dem dynamischen Wachstum der letzten zehn bis 15 Jahre steigt die Nachfrage, aber auch der Druck auf sanierungsbedürftige Bestandsbauten und untergenutzte Randlagen. Der Vorschlag zur Rahmenplanung zielt darauf ab, den vielfältigen Nutzungsansprüchen, der künftigen städtebaulichen Qualität sowie den Mobilitätsansprüchen gerecht zu werden und dafür einen geeigneten Ordnungsrahmen zu bieten.

Das Bundesviertel ist von verschiedenen typologischen Inseln mit jeweils sehr unterschiedlichen Charakteristika geprägt, die an ihren Nahtstellen zu stadträumlichen Brüchen führen. Diese Brüche stellen ein wesentliches Merkmal des Quartiers dar. Ziel ist es, die Entwicklung des Bundesviertels zu einem zusammenhängenden Raum mit starken Teilidentitäten zu fördern. Rückgrat und Gesicht des Quartiers bilden die Magistralen B9 und Petra-Kelly-Allee/Ludwig-Erhard-Allee. Darüber werden die verschiedenen Teilquartiere gefasst.

↖ Rahmenplan Bundesviertel, Bonn

143

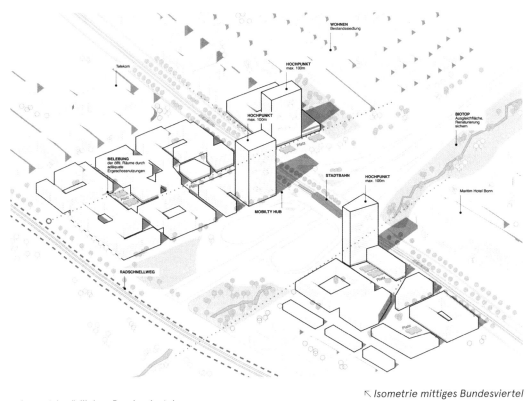

HOCHPUNKT
max. 100m

WOHNEN
Bestandssiedlung

HOCHPUNKT
max. 100m

Telekom

BIOTOP
Ausgleichfläche,
Renaturierung
sichern

BELEBUNG
der öfftl. Räume durch
adäquate
Ergeschossnutzungen

Platz

STADTBAHN

HOCHPUNKT
max. 100m

Maritim Hotel Bonn

Platz

MOBILTY HUB

Platz

RADSCHNELLWEG

Platz

↖ *Isometrie mittiges Bundesviertel*

↘ *Isometrie südliches Bundesviertel*

Landesamt für Natur,
Umwelt und
Verbraucherschutz NRW

WOHNEN
Bestandssiedlung

BELEBUNG
der öfftl. Räume durch
adäquate
Ergeschossnutzungen

Denkmalschutz
Identitätsträger

HOCHPUNKT
max. 100m

ARKADEN
Schnittstelle zum
öffl. Raum

RADSCHNELLWEG

MOBILTY HUB

STADTBAHN

144

Die Transformation forciert dabei die Stärkung der Vernetzung sowie der lokalen Identitäten. Die typologische Verschränkung zwischen der zentralen Schiene und den unterschiedlichen Teilquartieren erfolgt an wichtigen Schnittstellen. Die monolithischen, monofunktionalen Strukturen werden stärker durchmischt. Wesentliches Element der Umstrukturierung ist die stärkere Nutzungsmischung, insbesondere in den Quartieren im Übergang von zentraler Schiene zu den Bestandswohnquartieren.

Ein wesentlicher Teil der Strategie umfasst den öffentlichen Raum. Die zentrale Magistrale wird sequenziert, die Schnittstellen zu den angrenzenden Quartieren werden durch Plätze akzentuiert. Wesentlich für die Attraktivierung des öffentlichen Raums ist die Ausbildung aktiver Erdgeschosszonen mit Bezug zum öffentlichen Raum. Darüber hinaus werden Bezüge zu den großen Freiräumen, Rheinauenpark und Venusberg, in Form eines grünen Mantels gestärkt.

Die Funktionalität des Bundesviertels kann nur gewährleistet werden, wenn die Erschließung auch langfristig gesichert wird. Daher ist die Stärkung des Fuß- und Radverkehrs wesentlich, um eine nachhaltige und tragfähige Mobilität zu ermöglichen. Ergänzend stärken Mobilitätsstationen, Seilbahnen und Busse das Erschließungssystem.

Josefsviertel
Moers

05.04

Auftraggeber
Stadtbau Moers

Team
foundation 5+
architekten bdla

Das Josefsviertel liegt am südöstlichen Rand der Stadt Moers. Ein Großteil der Bebauung im Viertel entstand in den 1950er Jahren, in einer Zeit, in der die quantitative Schaffung von Wohnraum im Vordergrund stand. Im Rahmen des Städtebauförderungsprogramms *Soziale Stadt* erfährt dieser Stadtteil nun eine qualitative Aufwertung. Neben einer Vielzahl von sozialen Projekten soll der Gebäudebestand durch altersgerechte Wohnformen ergänzt, die Gebäude zum Teil modernisiert und barrierefrei erschlossen sowie deren Freiräume grundlegend umgestaltet werden.

Der vorhandene Gebäudebestand wird durch »Gartenhäuser« ergänzt. Auf diese Weise entstehen gemeinschaftliche Höfe, zu denen sich die Eingänge und Wohnräume der bestehenden und neuen Gebäude orientieren. Ein Anger, dem jeweils zwei Höfe zugeordnet werden, bildet die Adresse zur Straße. Durch die thermische Sanierung der Bestandsgebäude ergibt sich die Möglichkeit, die Fassade zur Straße neu zu gestalten und die Präsenz und das Image der Gebäude zu verbessern.

↖ Lageplan Josefsviertel

Dem sich durch den demografischen Wandel ergebenden Bedarf an barrierefreiem Wohnraum wird durch ergänzende Neubauten nachgekommen. Durch die Nachverdichtung des Quartiers ergibt sich für ältere Menschen die Möglichkeit, in ihrem gewohnten Umfeld in der Nähe der Familie zu bleiben. Insgesamt werden im Quartier 24 neue barrierefreie Wohnungen geschaffen, die für Ein- und Zweipersonenhaushalte ausgelegt sind.

Zugleich wird der Freiraum barrierefrei gestaltet und das Wegenetz ausgebaut. Das frei um die Bestandsgebäude fließende Grün wird zugunsten der Aneignung durch die Bewohner strukturiert und weiter differenziert. Neben dem sozialen Gebrauchswert des Freiraums steht vor allem auch die Erholungsfunktion für die Bewohner im Vordergrund. Durch die Gliederung und Funktionszuweisung der Freiräume wird es den Bewohnern möglich, den Freiraum zu nutzen und ihn sich zu eigen zu machen.

Präsenz zur Straße + Thermische Sanierung

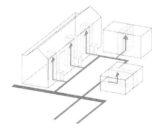

Erschließungsprinzip als Filter | Adressbildung am Hof

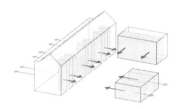

Hof als Ort der Kommunikation | Wohnräume am Hof

↖ *Isometrien zu Sanierung, Erschließung und Freiraumbezug*

Hochfelder Stadtraum Duisburg

05.05

Auftraggeber
Stadt Duisburg

Team
Planergruppe Oberhausen
Landschaftsarchitekten,
Duksa Ingenieure

Mit der Entwicklung des neuen Stadtparks *RheinPark* und des neuen Stadtteils *RheinOrt* ergibt sich die Chance, den Bereich Hochfelder Stadtraum zwischen dem Wohnquartier Hochfeld Süd-West und dem *RheinPark/RheinOrt* für eine städtebauliche Gesamtkonzeption neu zu entwickeln. Die von der Entwicklung des neuen Stadtteils *RheinOrt* ausgehende Impulswirkung kann neue Entwicklungen im Stadtteil Hochfeld auslösen. Dabei bedarf es jedoch einer städtebaulichen und freiräumlichen Verknüpfung von neuem und bestehendem Stadtraum. Die Rahmenplanung *Hochfelder Stadtraum* zeigt räumliche und funktionale Maßnahmen auf, um die bestehenden Strukturen des Stadtteils Hochfeld mit der Planung für den Stadtteil *RheinOrt* zu verknüpfen und die starke räumliche Trennung aufzulösen.

Vor allem über den Freiraum wird das neue Gebiet in die Umgebung eingebunden. Dieser führt von Westen und Südosten in das Gebiet und fungiert als Wohnpark mit öffentlichem Charakter und hohem Identifikationspotenzial. Bestehende und geplante Achsen werden aufgenommen und bis in den *RheinOrt* weitergeführt. Diese wichtigen Achsen bilden großzügigere Straßenraumquerschnitte und lineare Freiraumelemente zur Vernetzung der Freiräume im Gebiet. Wichtige Punkte im öffentlichen Freiraumnetz sind der Quartiersplatz am Wohnpark, der Eingangsbereich im Westen und Osten sowie die verbesserten Straßenübergänge entlang der Wörthstraße. Sie bilden markante Situationen und schaffen wichtige Anknüpfungspunkte an die umgebenden Quartiere. Die Bereiche entlang der Wörthstraße und Rudolf-Schock-Straße werden neu geordnet und als ökologisch hochwertige Freiräume qualifiziert.

Das Gebiet besteht aus baulichen Bereichen, die sich aus dem Bestand heraus entwickeln, diesen ergänzen und durch den Wohnpark verbunden werden. Dabei dient der Wohnpark als Scharnier zwischen dem neuen Stadtteil *Rhein-Ort* im Süden sowie der nördlichen Bestandsbebauung Hochfelds und bietet Raum für Begegnung, Erholung und Freizeit. Ein Gegenüber des *RheinOrts* wird mit einer Blockrandbebauung entlang der Wörthstraße geschaffen. Mittels freiräumlichen Gestaltungselementen wie etwa Baumalleen werden wichtige Freiraumachsen im Stadtraum betont. Sie sorgen für eine höhere Freiraumqualität und erleichtern die Orientierung. Städtebauliche Highlights werden als Hochpunkte die Eingänge ins Quartier markieren.

↘ *Einblick in den städtebaulichen Rahmenplan Duisburg-Hochfeld*

153

So werden im Konzept am südlichen Eingang an der Kreuzung Wanheimer Straße und Wörthstraße sowie am westlichen Eingang an der Hochfeldstraße Hochpunkte verortet. Besondere Solitäre werden ebenfalls hervorgehoben. Zu diesen zählen der Veranstaltungsort der St.-Bonifatius-Kirche gegenüber dem städtebaulichen Highlight sowie die *Pauluskirche*. Um im Gebiet eine hohe Flexibilität gewährleisten zu können, werden unterschiedliche Nutzungsmodule entwickelt, welche sich in ihrer Größe unterscheiden und kombinierbar sind. Entlang der markanten Adresse der Wörthstraße wird eine intensive Mischung von Wohnen, Gewerbe und Versorgung angestrebt. Im hinteren Bereich entlang des Wohnparks wird Wohnnutzung mit besonderer Wohnqualität geplant.

Die verschiedenen Bautypologien, welche Strukturen der Bestandsbebauung aufgreifen und weiterentwickeln, ermöglichen eine heterogene Nutzungsstruktur im Quartier. Diese Nutzungsmischung gliedert sich vertikal, sodass in den Erdgeschosszonen Dienstleistungen und in den Obergeschossen Wohnnutzungen und Dienstleistungen angesiedelt werden. Durch die Nutzungsmischung entstehen entlang attraktiver Adressen dichtere und stärker frequentierte Räume. Durch den zentral gelegenen Versorgungsbereich wird dieser zur Anlaufstelle der Bewohnenden aus Hochfeld und dem neuen *RheinOrt*. Im Bereich des zentralen Quartiersplatzes am Wohnpark sind Nutzungen wie eine Kindertagesstätte, ein Spielplatz und Café vorgesehen, die den umliegenden Außenraum miteinbeziehen.

↖ *Strukturplan Duisburg-Hochfeld*

155

↖ *Gebauter und grüner Raum in Duisburg-Hochfeld*

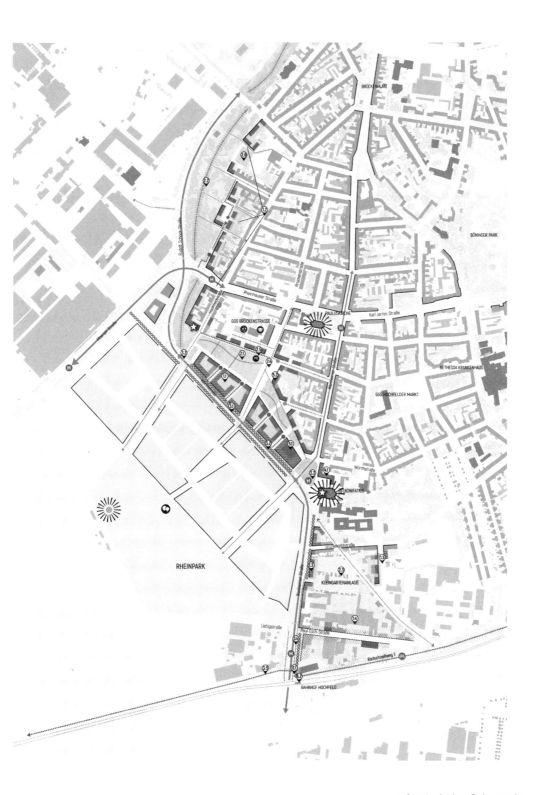

↖ *Strategischer Rahmenplan Duisburg-Hochfeld*

Masterplan Grün Rheine

05.06

Auftraggeber
Stadt Rheine

Team
GREENBOX
Landschaftsarchitekten

Die Qualifizierung bestehender Stadträume erfolgt maßgeblich über attraktive und lebenswerte Freiräume. Ziel des *Masterplan Grün* ist es daher, die bestehenden Grün- und Freiflächen innerhalb der Siedlungsbereiche der Stadt Rheine zu identifizieren, analysieren und weiterzuentwickeln. Der *Masterplan Grün* für die Stadt Rheine ist das erste gesamtstädtische integrierte Entwicklungskonzept für die Grün- und Freiflächen. Gegenstand des *Masterplan Grün* ist die dicht besiedelte Kernstadt Rheines.

Der Masterplan trägt dazu bei die Stadt Rheine als attraktiven Lebens-, Arbeits- und Wohnstandort zu entwickeln und damit die Lebensqualität zu erhalten und zu stärken. Grün- und Freiflächen im städtischen Raum sind wichtige Erholungs- und Freizeiträume, sie sind jedoch auch ein zentrales Instrument des Klimaschutzes und der Klimaanpassung.

Die Aufstellung des *Masterplan Grün* bildet mit den darin enthaltenen Maßnahmen einen Rahmen, um die großen Freiraumpotenziale der Stadt zu nutzen und die Grünflächen qualitätvoll weiterzuentwickeln, und leistet einen Beitrag dazu, die zukünftige Stadtentwicklung im Sinne sozialer, ökologischer und klimatischer Aspekte zu gestalten.

Die Ems als zentraler Freiraum der Stadt bietet ein enormes naturräumliches Potenzial, das es gilt mit den Grün- und Freiflächen der Stadt zu einem integrierten System zu vernetzen. Dieses Freiflächensystem soll Verbindungen zwischen den einzelnen Grünflächen und mit den Landschaftsstrukturen der Ems und dem ländlichen Raum herstellen.

158

LANDWIRTSCHAFT

Ems-Auen
Attraktiver
Landschafts-
raum

LANDWIRTSCHAFT

Doppel- und
Reihenhäuser
dicht
wenig Grün

Naturnaher Freiraum

Ems-Auen / Sahnenpark
Attraktive Parklandschaft
und Freizeitraum

Gewerbe
wenig Grün

MFH-Siedlung
hohe Bebauungs- und
Bevölkerungsdichte
wenig privates Grün

Doppel- und
Reihenhäuser
dicht
wenig Grün

EFH-Siedlung
aufgelockert und grün

EFH-Siedlung
grün

Friedhof

EFH-Siedlung
grün

MFH-Siedlung
durchgrünte Zeilen

Unbebaute Grundstücke
grün

Emsufer
schlecht zugänglich
keine Aufenthaltsorte

Landwirtschaft
Grünzug

EFH-Siedlung
aufgelockert und grün

Emsufer
erfahrbar

Hemelter Bach
schlecht zugänglich

EFH-Siedlung
grün

Denkmal

Stadtkern
wenig Begrünung

EFH-Siedlung
grün

EFH-Siedlung
modern und grün

Gewerbe
wenig Grün

Wohnen und
Arbeiten
grün

Emsufer
begrenzt zugänglich

Bachufer
privat

Kaserne
brach

MFH-Siedlung
grün

Emsufer
erfahrbar

Ems-Auen

MFH-Siedlung
hohe Bebauungs- und
Bevölkerungsdichte
wenig privates Grün

Schulhof

Kaserne
temporäres
Wohnen

EFH-Siedlung
grün

LANDWIRTSCHAFT

EFH-Siedlung
grün

ehem. Militärgelände
naturnah aber
schwer zugänglich

LANDWIRTSCHAFT

Waldhügel
Naturschutz,
Ausgrabungen

159

Rheine stellt sich als eine grüne Stadt in einem attraktiven Landschaftsraum dar, der mit der Ems über einen hochqualitativen und ökologisch wertvollen Naherholungsraum verfügt. Neben öffentlichen Grünflächen wird das Freiflächensystem der Kernstadt in einigen Bereichen zudem durch landwirtschaftliche Flächen geprägt, die sich teilweise in den kompakten Stadtkörper hineinziehen. Diese und weitere Qualitäten gilt es im *Masterplan Grün* zu erkennen, zu stärken und in einem optimierten Grün- und Freiflächensystem weiterzuentwickeln. Die Grundlage des Masterplans bildet die bewertende Analyse der öffentlichen Grün- und Freiflächen der Kernstadt durch die Stadt Rheine.

Zentrales Element ist die Schaffung von neuen Grün- und Freiraumverbindungen für Mensch und Natur. Der *Grünring* vernetzt die bestehenden und die neu zu schaffenden Grünanlagen in der Rheiner Kernstadt. Er ist als öffentlicher Fuß- und Radweg ausgebaut und wird von weiteren Grünstrukturen begleitet. Wenn möglich, wird auf bestehende straßengebundene Grünstrukturen wie Straßenbegleitgrün und Alleen sowie bestehende straßenungebundene Wegeverbindungen zurückgegriffen. Diese werden qualifiziert und aufgewertet. Um die Lücken zwischen den bestehenden Strukturen zu schließen, werden neue Wegestrukturen vorgeschlagen, die eine hochwertige Wegeverbindung für den nicht motorisierten Individualverkehr bieten, alle Stadtteile erschließen und die Grünflächenerreichbarkeit für die Rheiner Bevölkerung optimieren.

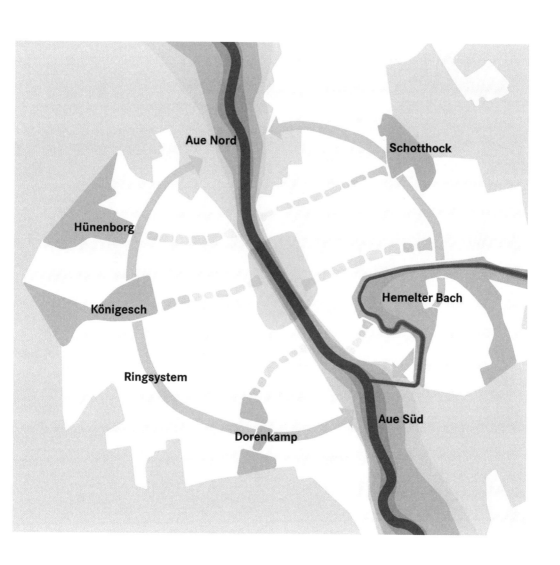

Aue Nord

Schotthock

Hünenborg

Königesch

Hemelter Bach

Ringsystem

Dorenkamp

Aue Süd

↖ *Leitbild des Masterplan Grün*

Salzbergen
Emsradweg

Hovesaat

Kloster
Bentlage

FAMILIEN-
AUSFLUG

Flughafen
Bentlage

1

27

NATUR-
ERLEBE

26

2

43

44

39

42

44

19

23

21

18

Haddorfer Seen

20

22 PANORAMA

36

7

8

40

Neuenkirchen

5

3

41

Neuenkirchen

4

Naturschutzgebiet
Waldhügel

Gewerbegebiet
Schotthock

Sport

Altenrheine

Dreierwalde

Dortmund-Ems-Kanal

24

45

29

30

9

Hörstel

11

10

38

12

FREIZEIT
PARK

31

34

32

13

14

37

Bevergern

16

Gellendorf

Gellendorf
Emsradweg

Mesum

↖ Masterplan Grün

163

Im Übergang von der Industrie- zur Wissen
gesellschaft wird Wissen als »neuer Rohstof
für das Arbeiten und Leben in den Städten zu
nehmend wichtiger. Universitäten, Bildung
und Forschungseinrichtungen werden zu Ma
gneten für Talente und sie fördern Kreativitä
und Innovation. Die Erkenntnis, dass Hoc
schulen die Attraktivität eines Quartiers un
einer Stadt nachweislich erhöhen und als Mo
tor fungieren können, nutzen viele Städte b
der Erstellung von Masterplänen.

Zugleich gelten Bildung und Wissen als da
zentrale Fundament unserer Gesellscha
Diese Erkenntnis zur *lernenden Gesellscha*
hält zunehmend Einzug in die Debatte um d
Gestaltung von Bildungseinrichtungen – vo
der Kita über die Schule bis hin zum Hoc
schulgebäude. Raum, Wissen und Pädagog
gehen eine untrennbare Symbiose ein.

Wissen und Bildung als Motor für Stadtentwicklung

Campus Melaten
RWTH Aachen

Auftraggeber
Bau- und Liegenschafts-
betrieb NRW,
Niederlassung Aachen

Team
wbp
Landschaftsarchitekten,
Bochum (Freiraum),
BSV Büro für Stadt-
und Verkehrsplanung,
Aachen (Verkehr),
Ingenieurbüro INCO,
Aachen (Energie)

Die RWTH Aachen verfolgt im Rahmen ihrer Exzellenz-Initiative die Strategie der räumlichen Aufwertung und Erweiterung ihrer Universitätsstandorte bis hin zur Neuentwicklung des *Campus Melaten*. In Nachbarschaft zum Universitätsklinikum der RWTH soll der neue Campus als internationale Adresse für Forschung, Entwicklung und Lehre fungieren. Einige der neunzehn unterschiedlichen Cluster sind bereits realisiert, andere sind im Bau oder in der Planung.

Mit den Clustern als Themenverbünde sollen Forschung und Industrie räumlich zusammengeführt werden und in einer neuen Qualität der Zusammenarbeit und des Austausches ganzheitlich und interdisziplinär an definierten Forschungsschwerpunkten arbeiten. Ein Cluter kann dabei aus Universitätsinstituten und außeruniversitären Forschungseinrichtungen, Gemeinschaftseinrichtungen und Dienstleistern sowie Groß-, Klein- und Mittelstandsunternehmen bestehen. Durch diese neuartige Kooperation werden die Relevanz und der Praxisbezug der einzelnen Themenfelder wesentlich gesteigert.

Diese Hochschulnutzung wird ergänzt durch öffentliche und gemeinschaftliche Nutzungen wie Hotel, temporäres Wohnen, Gastronomie, Kinderbetreuung sowie Sporteinrichtungen, um den Campus rund um die Uhr zu beleben.

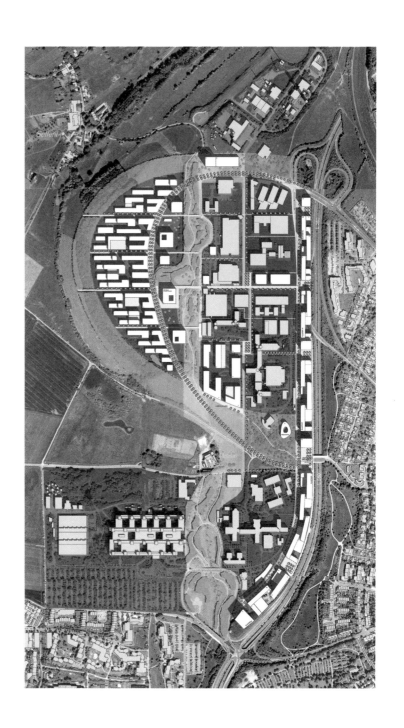

↖ Strukturplan Campus Melaten

↘ *Prinzipskizzen Freiraumstruktur und Anbindung*

Die Herausforderung des internationalen Wettbewerbs sowie der sich hier anschließenden Master- und Bauleitplanung hat darin bestanden, eine neue eigenständige Identität des Campus mit einer Aufwertung der Bestandsbauten und des Kontextes in Einklang zu bringen. Das städtebauliche und freiraumplanerische Konzept für den neuen *Campus Melaten* basiert auf folgenden Leitgedanken und Zielen:

Dialog aus Landschaft und Stadt

Die vorhandenen Potenziale des Standortes wie das Bachtal, der Wald und die Nähe zur offenen Landschaft werden genutzt und gestärkt. Aus der vorhandenen Freiraumstruktur und der Topografie werden die Baufelder und der zentrale Campus-Park entwickelt.

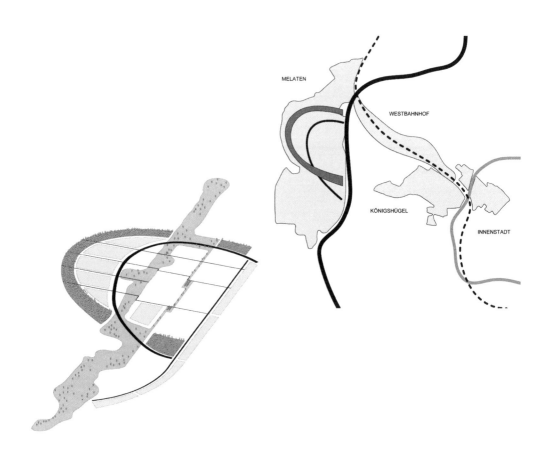

↘ *Schnitte Campus Boulevard*

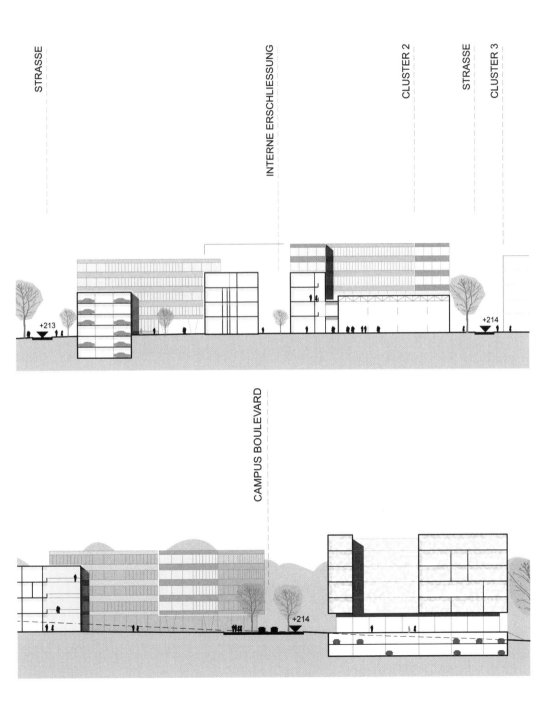

STRASSE

INTERNE ERSCHLIESSUNG

CLUSTER 2

STRASSE

CLUSTER 3

+213

+214

CAMPUS BOULEVARD

+214

Prägung einer markanten räumlichen Figur

Die vorhandene Landschaft erwächst mit dem zentralen Erschließungsbogen zu einer markanten räumlichen Figur. Ein grüner Boulevard, der zugleich Rückgrat und öffentlicher Raum ist, verleiht dem neuen Campus eine unverwechselbare Gestalt. Er verbindet die vorhandenen Hochschulstrukturen mit dem neuen Wissenschaftsstandort.

Campus-Park als zentraler Kommunikationsraum

Die Mitte des neuen Campus bildet ein Park, der die vorhandene Grünraumstruktur nutzt. Er verbindet den Bestand mit dem Neuen und stellt zugleich den Bezug zur umgebenden Landschaft her. In den Park sind Solitärgebäude eingebettet, die einen stärkeren Öffentlichkeitsbezug herstellen. Insbesondere in den Erdgeschosszonen sind hier Servicefunktionen vorgesehen, welche den öffentlichen Charakter dieses Bereiches stärken und beleben.

Bildung von Eingängen und Adressen

Ein Hochpunkt im Norden markiert – auch in der Fernsicht – den neuen Hochschulstandort im Aachener Stadtgefüge. Im Übergang zu den Quartieren Hörn und Königshügel schafft ein neuer öffentlicher Raum in Verbindung mit einer Landschaftsbrücke einen attraktiven »Brückenschlag«. Die Gebäudestrukturen sind aus den unterschiedlichen Lagen und städtebaulichen Anforderungen heraus entwickelt. Sie werden den Bedürfnissen des Individuums gerecht, bieten aber auch Raum für gemeinsame Aktivitäten.

↖ *Atmosphäre auf dem Campus
Melaten*

06.02

Campus Endenich
Bonn

Mit dem Wettbewerbsbeitrag für den Campus Endenich in Bonn werden universitäre Nutzungen und Bauten in einer engen Symbiose mit dem Freiraum als Parklandschaft verwebt. Die vorhandenen Freiraumstrukturen werden aufgenommen und zu einer Parklandschaft, dem *CampusPark*, weiterentwickelt. Der *CampusPark* gibt das Grundgerüst für den gesamten Campus und die entstehenden Baufelder vor. Dabei wird ein Spannungsfeld zwischen den geometrisch geprägten Clustern und der freien organischen Parklandschaft erzeugt. Der *CampusPark* verleiht dem *ParkCampus Endenich* nicht nur einen neuen Namen, sondern auch eine neue Qualität und ein Alleinstellungsmerkmal gegenüber den Campusstandorten Poppelsdorf und City.

Das städtebauliche und freiraumplanerische Konzept für den Campus Endenich in Bonn basiert auf folgenden Leitgedanken und Zielen:

Auftraggeber
Bau- und Liegenschaftsbetrieb NRW in Kooperation mit der Stadt Bonn und der Rheinischen Friedrich-Wilhelms-Universität Bonn

Team
Club L94, Köln (Freiraum), Ingenieurbüro Kühnert, Bergkamen (Verkehr)

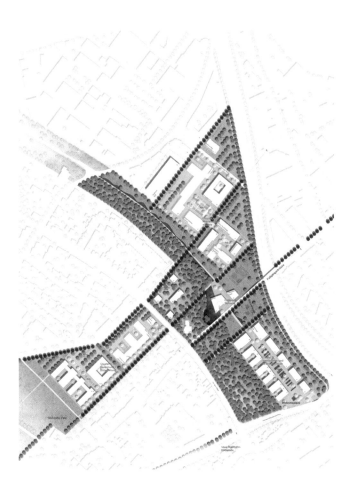

Die Vernetzung mit der Umgebung stärken

Über vorhandene und neue Wegeachsen wird die Anbindung des Campus an die Innenstadt, den Campus Poppelsdorf und andere wichtige Zielorte wie die Studentenwohnheime in Bonn-Tannenbusch gestärkt. Die Wegeachsen verbinden den Campus gleichzeitig über das Meßdorfer Feld mit dem angrenzenden Landschaftsraum, dem *Grünen C*. Die in Nordwest-Südost-Richtung verlaufenden Achsen werden von Baumlinien begleitet. Sie strukturieren die Parklandschaft und unterstützen die Orientierung. Eine Fußgängerbrücke überquert die Autobahn in der Verlängerung dieser Wegeachsen und ermöglicht eine zukünftige Anbindung an die Innenstadt und den Campus Poppelsdorf.

Die *CampusTerrasse* als zentralen Kommunikationsraum entwickeln

An der Schnittstelle der einzelnen Cluster wird die Mensa mit einem zentralen Platz, der *CampusTerrasse*, errichtet. Zusammen mit einem Studentenhaus bildet sie den gemeinsamen Treffpunkt und Kommunikationsraum für den gesamten Campus. Der vorhandene Teich wird zu einem See vergrößert und generiert dadurch eine neue Aufenthaltsqualität.

Teilbereiche mit eigenen Identitäten schaffen

↘ *Perspektive CampusTerrasse*

Aufbauend auf die bestehenden Gebäude- und Freiraumstrukturen sowie die Topografie und unter Berücksichtigung der gegebenen Rahmenbedingungen (Freihaltekorridore, Autobahn, Bachkanal) werden drei Teilbereiche (Cluster) entwickelt, die sich durch unterschiedliche Nutzungsschwerpunkte und individuelle räumliche Strukturen kennzeichnen: ein Cluster für Wissenschaft und Lehre, ein Innovations- und Gründerzentrum sowie ein Bereich für Forschung und Entwicklung.

↖ *Städtebauliches Detail*
CampusTerrasse

↘ *Städtebauliches Detail Gärten
der Zukunft*

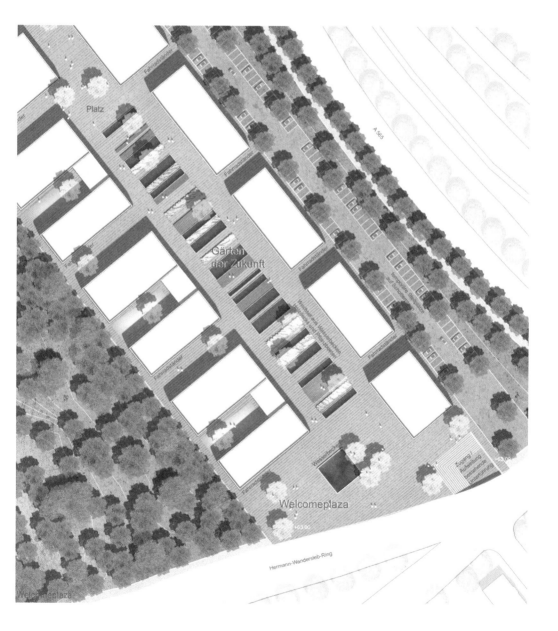

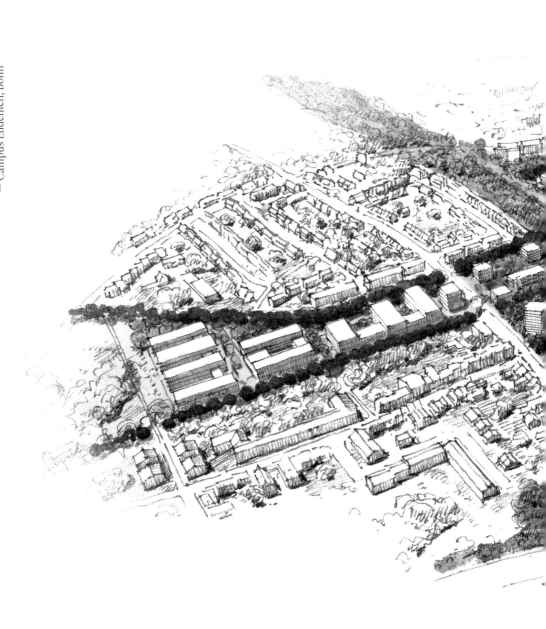

↖ *Perspektive ParkCampus Endenich*

Rahmenplan Campus Bochum

06.03

Auftraggeber
Amt für Stadtplanung und
Wohnen der Stadt Bochum

Team
GREENBOX
Landschaftsarchitekten
(Freiraum),
MOVE Mobility (Verkehr)

Mit der Mehrfachbeauftragung zum Campus Bochum verfolgt die Stadt Bochum das Anliegen, die anstehenden komplexen Aufgaben der Campusentwicklung in einen integrierten Rahmenplan zu überführen: die Sanierung der Gebäude der Ruhr-Universität Bochum, die Unterbringung von ergänzenden und belebenden Nutzungen sowie die Öffnung des Hochschulcampus zur Stadt. Als strategisches und räumliches Handlungskonzept soll der Rahmenplan aufzeigen, wie eine Attraktivierung des Universitätsquartiers gestaltet werden kann und welche kurz- und mittelfristige Maßnahmen das Anliegen befördern können.

Mit dem Konzept *Campusstadt Bochum* wird das Anliegen verfolgt, die Funktionen des Wissens, der Begegnung und der Vernetzung miteinander zu verweben. So kann der Campus Teil der Stadt werden und bewusst mit den angrenzenden Stadtteilen zusammenwachsen. Durch seine räumliche Nähe zur Entwicklungsfläche Mark 51°7 entsteht eine gute Verknüpfung über Fuß- und Radwege und den ÖPNV zwischen den einzelnen Standorten. In Kombination mit der Universitätsstraße, die den Campus mit der Innenstadt und dort angesiedelten Bildungseinrichtungen verbindet, entsteht eine starke Vernetzung der einzelnen Campusstandorte.

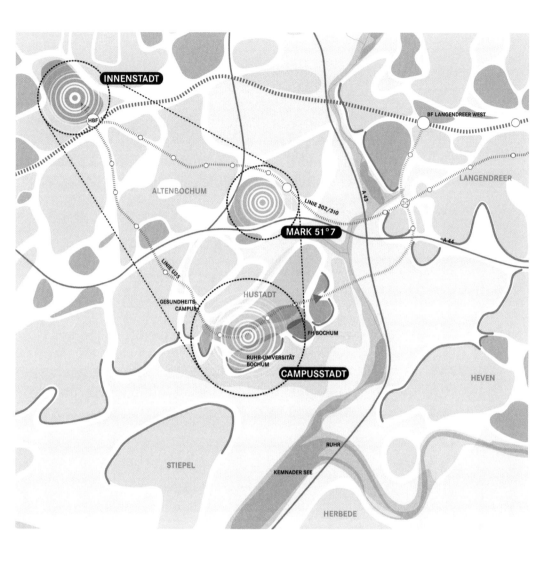

INNENSTADT

HBF

ALTENBOCHUM

LINIE 302/310

MARK 51°7

LINIE U35

GESUNDHEITS-
CAMPUS

HUSTADT

FH BOCHUM

RUHR-UNIVERSITÄT
BOCHUM

CAMPUSSTADT

BF LANGENDREER WEST

LANGENDREER

A 43

A 44

HEVEN

RUHR

STIEPEL

KEMNADER SEE

HERBEDE

Die städtebauliche und freiraumplanerische Konzeption für den Campus Bochum basiert im Wesentlichen auf folgenden Leitgedanken:

↖ Räumliche Einordnung des Konzepts Campusstadt Bochum

Vernetzte Campusstadt

Mithilfe von ergänzenden Nutzungen, Wegebeziehungen und neuen Freiräumen werden die bestehenden Hochschulnutzungen zu einer kreativen Wissenslandschaft miteinander verwebt. Durch die zusätzliche Nutzungsdichte und die neuen Baustrukturen entsteht eine neue Urbanität.

Zusammenrücken und sichtbar machen

Trennende Verkehrsbarrieren werden überwunden, indem Verkehrsräume zu Stadträumen zurückgebaut werden und die geplante Baustruktur die bisherigen Abstandsflächen besetzt. Die neue *Campusallee* mit Hochpunkten, die den Campuseingang markieren, lässt als neu gestalteter öffentlicher Raum beide Seiten des Campus stärker miteinander korrespondieren.

Grüner Loop als »Brücke« zum Kontext

Mit dem Element eines grünen Loops in Verbindung mit neuen öffentlichen Räumen (*Campusplatz*) wird das Hochschulareal mit dem angrenzenden Kontext selbstverständlich angebunden. Der *Campus-Loop* fungiert als Transit-, Freizeit- und Erlebnisband und schafft Anknüpfungspunkte für das großräumige Fuß- und Radwegenetz.

↘ *Isometrie*

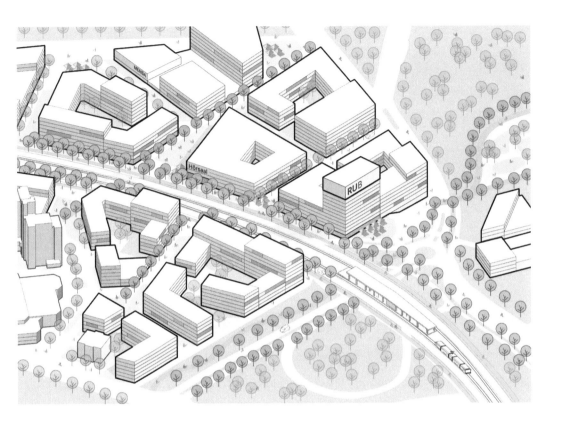

Transformieren – Arrondieren – Impulse setzen

Mit einer integrierten Strategie aus der Aktivierung von bisher untergenutzten Flächen in Verbindung mit qualitätsvollen öffentlichen Räumen wird ein neues Zukunftsbild des *Campus Bochums* entworfen. Sowohl die Transformation des Verkehrsraums zu einem stadträumlich gedachten *Campusboulevard* als auch die Ausprägung einer erlebbaren Stadtkante sind zentrale Bausteine des städtebaulichen Konzeptes.

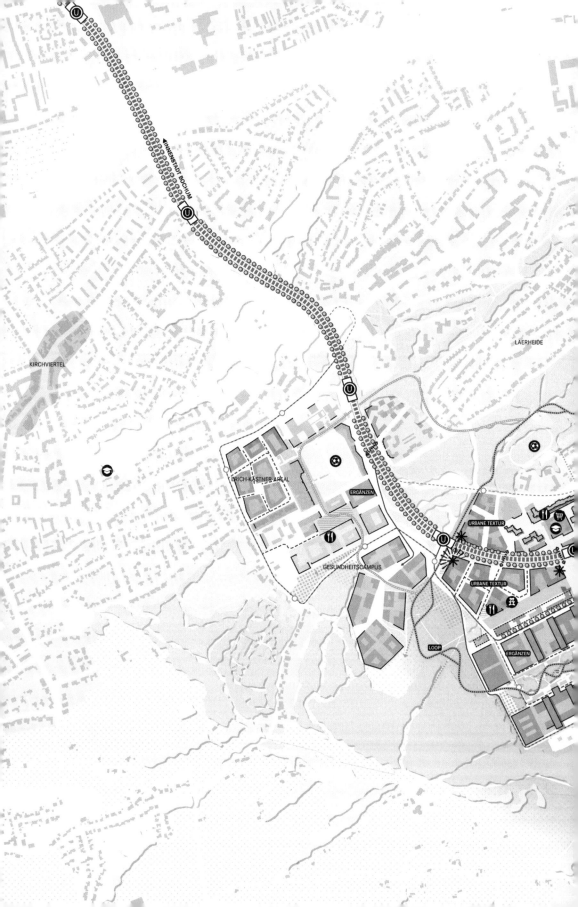

INNENSTADT BOCHUM

LAERHEIDE

KIRCHVIERTEL

ERICH-KÄSTNER-AREAL

ERGÄNZEN

GESUNDHEITSCAMPUS

URBANE TEXTUR

URBANE TEXTUR

LOOP

ERGÄNZEN

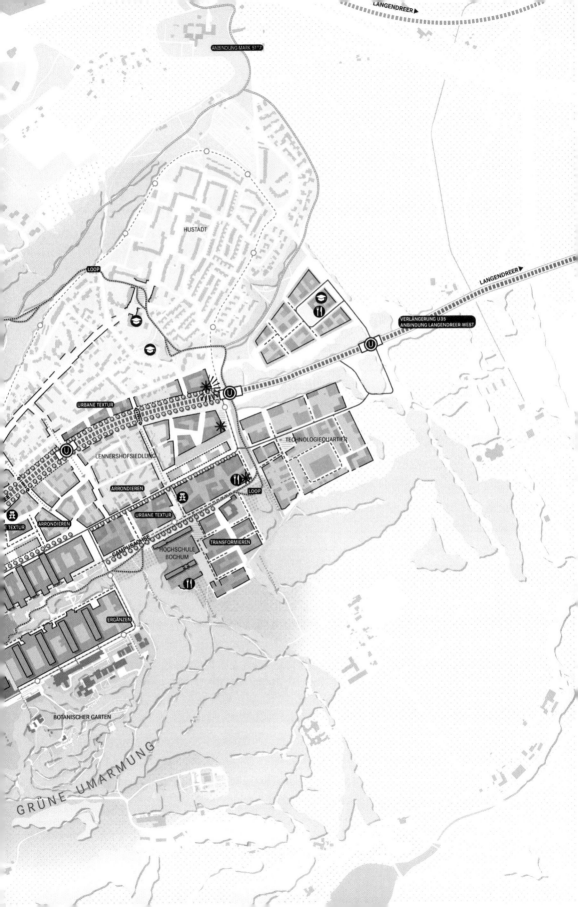

LANGENDREER ▶

ANBINDUNG MARK 51°7

HUSTADT

LOOP

VERLÄNGERUNG U35
ANBINDUNG LANGENDREER-WEST

LANGENDREER ▶

URBANE TEXTUR

LENNERSHOFSIEDLUNG

TECHNOLOGIEQUARTIER

ARRONDIEREN

LOOP

TEXTUR

ARRONDIEREN

URBANE TEXTUR

CAMPUSACHSE

HOCHSCHULE
BOCHUM

TRANSFORMIEREN

ERGÄNZEN

BOTANISCHER GARTEN

GRÜNE UMARMUNG

Stadt-Campus Siegen

06.04

Die Universität Siegen ordnet ihre unterschiedlichen Hochschulstandorte neu; dabei liegt ein zentraler Fokus auf der Weiterentwicklung und Inwertsetzung von Forschung und Lehre im Zentrum der Stadt. Der Masterplan zur künftigen räumlichen Entwicklung der Universität sieht im Umkreis des bestehenden Campus Unteres Schloss unter anderem die Unterbringungen der Philosophischen Fakultät und der Fakultät für Bildung, Architektur und Künste vor. Gegenstand des städtebaulichen Wettbewerbs war die Entwicklung einer räumlichen Konzeption für die Innenstadt im Hinblick auf die Impulswirkung durch die neuen universitären Nutzungen.

Die städtebauliche und freiraumplanerische Konzeption für den Innenstadt-Campus Siegen basiert auf folgenden Leitgedanken:

Auftraggeber
Universität Siegen

Team
GREENBOX
Landschaftsarchitekten
(Freiraum)

Eigenständige Stadtbausteine

Die Stadtbausteine des Campus Unteres Schloss Nord und Süd werden unter Berücksichtigung des umgebenden Kontextes als prägnante Typologien ausgebildet, die in unterschiedlicher Art und Weise mit dem Campus Unteres Schloss verflochten werden. Dazu werden neben den bestehenden Wegeverbindungen, der Friedrichstraße auf dem Campus Unteres Schloss Süd und dem Häutebachweg auf dem Campus Unteres Schloss Nord, zusätzliche Querverbindungen hergestellt.

Räumliche Verflechtung mit dem Sieg-Ufer

Die Orientierung der neuen Nutzung zur Sieg geht einher mit einer Aufwertung der angrenzenden Uferbereiche als qualitätsvolle Aufenthaltsorte für die gesamte Stadtgesellschaft. Aus der bisherigen Rückseite wird damit eine Vorderseite, deren öffentlicher Charakter durch Wegeverbindung – entlang der Bibliothek im ehemaligen Hettlage-Kaufhaus und durch einen Steg – unterstützt wird.

Ausbildung eines Campusnetzwerks

Die beiden neuen Campusbereiche Unteres Schloss Nord und Süd bilden gemeinsam mit dem Campus Unteres Schloss ein Campusnetzwerk, das mit dem Stadtraum verflochten ist und durch gezielte Durchwegungen den Hauptbahnhof und das Siegufer mit einbindet.

↘ *Gestaltungsplan Stadt-Campus Siegen*

↘ *Atmosphäre auf dem Campus Unteres Schloss Süd*

↖ *Platzsituation Campus*
Unteres Schloss Nord

Charité-Campus Virchow-Klinikum Berlin

Für den Charité-Campus Virchow-Klinikum im Berliner Bezirk Mitte im Ortsteil Wedding werden im Rahmen eines wettbewerblichen Dialogverfahrens Konzepte für eine Gesamtentwicklungsplanung erarbeitet. Neben der Identifizierung von räumlichen Entwicklungspotenzialen soll das städtebauliche Konzept aufzeigen, wie der medizinisch geprägte Standort stärker mit den umliegenden Stadt- und Freiraumstrukturen vernetzt werden kann. Unter der behutsamen Einbindung des historischen Bestandes soll die eigene Identität des Standortes gestärkt werden. Die städtebauliche und freiraumplanerische Konzeption für den Charité-Campus basiert auf folgenden Leitprinzipien:

Historischer Fußabdruck als Basis für den Masterplan

Der Masterplan orientiert sich an den funktional bewährten Strukturen und arbeitet die historischen Qualitäten des Campus wieder heraus: Als Grundlage wird die historische kammartige Struktur des Areals aufgegriffen und sinnfällig weiterentwickelt. Die bestehende Mittelallee wird bis zum südlich verlaufenden Kanal verlängert, wobei die Bibliothek (ehemals Pathologie) sowie das umgebende bogenförmige Forum als »Gelenk« verstanden werden. Die geplanten Gebäudekomplexe der Nord- und Südschiene greifen die pavillonartige Baustruktur des nur noch fragmentarisch erhaltenen ursprünglichen Baubestands auf und sollen den Wechsel von Gebäuden und Freiräumen entlang der Mittelallee wieder erlebbar machen.

06.05

Auftraggeber
Charité –
Universitätsmedizin Berlin

Team
Club L 94
Landschaftsarchitekten
(Freiraum)

Uferpark und Solitärgebäude als Fortführung der Bestandscharakteristik

Das fortgeführte Wegenetz verbindet die bestehenden Campusflächen mit dem vorgeschlagenen Erweiterungsbereich, der südlich des bisherigen Campus-Areals entlang des Kanals liegen soll. Hier wird eine Bebauung mit Solitärgebäuden für Klinik- und Forschungsnutzungen vorgesehen, die sich zum Kanal hin orientieren und in einer parkartig gestalteten Landschaft stehen. In diese Landschaft wird der hier befindliche und derzeit kaum noch ablesbare Patientengarten als Teil der Freiraumstruktur reintegriert. Die markante bauliche Struktur der im Park platzierten Solitärgebäude trägt den Campus Virchow-Klinikum sowohl funktional als auch städtebaulich an die Uferkante heran. Sie setzt zudem die von hoher baulicher Dichte geprägten Baustrukturen und Entwicklungen der Berliner Mitte fort.

↘ *Masterplan Charité-Campus Virchow-Klinikum*

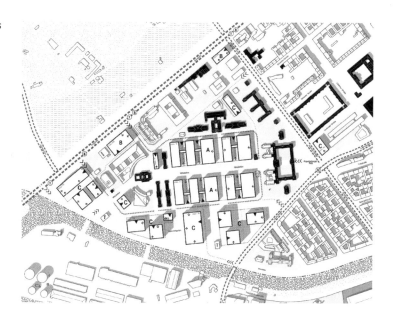

Effiziente Erschließung und ein breites Angebot für unterschiedliche Mobilitätsformen

Die bewährte Ringerschließung um den zentralen Klinikbereich wird beibehalten und bis an die Seestraße weitergeführt. Sie gewährleistet eine enge Verknüpfung von bestehenden sowie neu geplanten Bereichen. Außerdem wird unter dem Augustenburger Platz eine große Fahrradtiefgarage vorgeschlagen, sodass eine gute Erreichbarkeit für Fahrradfahrende aus allen Richtungen ermöglicht wird. Insbesondere der geplante Radschnellweg an der Uferkante des Kanals kann künftig die Verkehrsanbindung für den Fahrradverkehr deutlich verbessern. In direkter Nähe der einzelnen Eingangssituationen zum Campus finden sich Schnittstellen mit dem ÖPNV. Hier und am südlichen der beiden zentralen Parkhäuser werden außerdem Mobilitätsschnittstellen mit Car- und Bikesharing-Angeboten sowie Elektro-Ladestationen geplant, um eine effiziente Verbindung unterschiedlicher Mobilitätsformen zu gewährleisten.

↘ *Perspektive Charité-Campus Virchow-Klinikum*

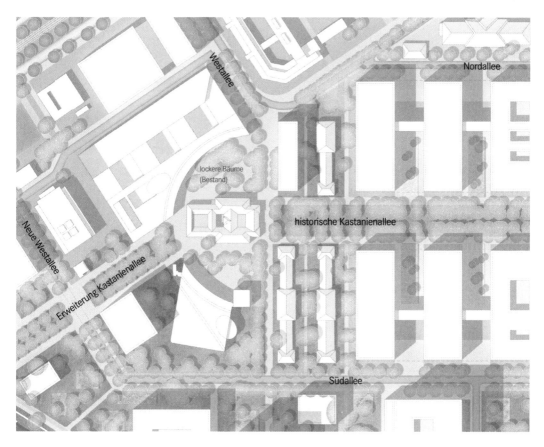

Westallee

Nordallee

lockere Bäume
(Bestand)

Neue Westallee

historische Kastanienallee

Erweiterung Kastanienallee

Südallee

↘ *Vertiefung südlicher Bereich*
mit Patientengärten

↖ *Vertiefung Kastanienallee*

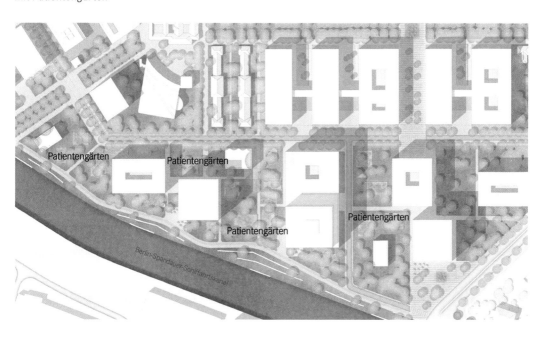

Patientengärten

Patientengärten

Patientengärten

Patientengärten

Berlin-Spandauer-Schifffahrtskanal

195

↖ *Städtebaulicher Lageplan
Virchow-Klinikum*

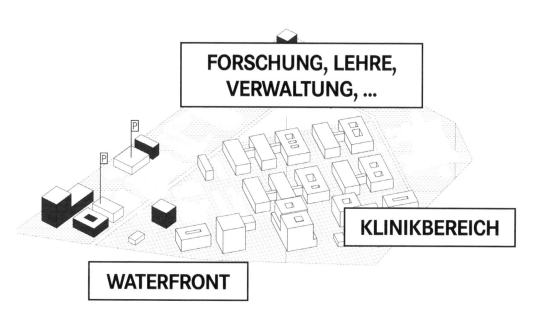

FORSCHUNG, LEHRE, VERWALTUNG, ...

KLINIKBEREICH

WATERFRONT

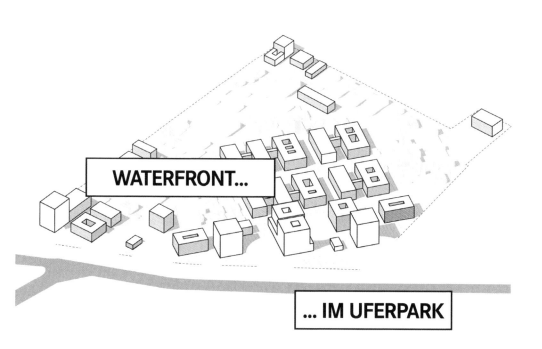

WATERFRONT...

... IM UFERPARK

Campus Laer
Bochum

06.06

Die Neunutzung des ehemaligen Opel-Areals bietet die einmalige Chance, diesen Raum im Kontext des angrenzenden Quartiers *Laer* und des Straßenraums der Wittener Straße in Wert zu setzen. Das Entwicklungsgebiet hat eine regionale Bedeutung und steht in Beziehung zur Innenstadt der Wissensstadt Bochum, zur Ruhr-Universität Bochum mit den umgebenden Campusbereichen sowie zu den weiteren Opel-Flächen. Im Rahmen eines Wettbewerbsverfahrens wird nach städtebaulichen Konzepten gesucht, die eine überzeugende Restrukturierung des Areals aufzeigen und Impulswirkungen für den Kontext generieren.

Die städtebauliche Konzeption für den Campus Laer basiert auf folgenden Leitgedanken:

Auftraggeber
Stadt Bochum

Landmarken und Adressen

Die Wittener Straße wird als Stadtstraße mit verschiedenen Abschnitten erlebbar. Ein Solitärgebäude markiert den Eingang zur Stadt. Nördlich der Kreuzung kündigt ein zweiter Hochpunkt den zentralen Bereich der Wittener Straße an. Straßenraumgestaltung und vorderseitige Bebauung definieren hier deutlich eine Stadtstraße, an die verschiedene Nutzungen unmittelbar angeschlossen sind.

↖ Städtebauliche Konzeption
Campus Laer

↖ Blick auf das Zentrum des Industrie-Campus

Campus mit Nutzungsvielfalt

Der Industrie-Campus der *Worldfactory* bildet einen neuartigen, innovativen Ort mit vielfältigen Nutzungen. Die Verbindung von Wissen und Produktion wird auf dem Campus gelebt. Das flexible Gerüst an Baufeldern ermöglicht es, wissensbezogene Industrie, Forschung, Produktion, Start-ups, Hotel, Gastronomie und Servicenutzungen an einem Ort zu vereinen. Fünf Baufelder reihen sich von Norden nach Süden zwischen der Wittener Straße im Osten und dem Park im Westen auf und bilden eine robuste städtebauliche Struktur.

Grüne Klammer und Verzahnung

Pocket-Parks zwischen den Baufeldern verbinden den Landschaftskeil im Westen mit den kleinräumigen Grünverbindungen in Laer im Osten und ermöglichen eine gute Anbindung aus dem Stadtteil in den Park. Vielfältige Wegeverknüpfungen aus dem Campus, den Pocket-Parks und dem Gewerbe im Westen erschließen und beleben den Park. Damit wird der Park zu einem verbindenden Element, einer *grünen Klammer*.

↘ *Blick von der grünen Klammer auf den Campus Laer*

Campus Steinfurt

06.07

Auftraggeber
Bau- und Liegenschafts-
betrieb (BLB) NRW

Die Fachhochschule Münster strukturiert ihren Campus in Steinfurt um, da die Anzahl der Studierenden gewachsen ist und der bauliche Zustand einiger Bestandsgebäude nicht mehr den aktuellen Erfordernissen entspricht. Im Rahmen einer Mehrfachbeauftragung wurden städtebauliche Konzepte entwickelt, die eine Weiterentwicklung des Standortes unter Berücksichtigung der erhaltenswerten Bestandsgebäude sowie einer schrittweisen baulichen Entwicklung mit Neubauten aufzeigen. Gefragt waren eine klare städtebauliche Strukturierung des Campus, die Bildung von attraktiven Freiräumen und Adressen, die Verknüpfung des Campus mit der Stadt und dem Quartier sowie die wirtschaftliche und etappenweise Realisierung der benötigten Neubauflächen.

Die städtebauliche Konzeption für den Campus Steinfurt der FH Münster basiert auf folgenden Leitgedanken:

Stärkung der Entrée-Situation und der zentralen Mitte

Der nordöstliche Bereich des Campus in Richtung Stadtzentrum wird in seiner Entrée-Funktion deutlich gestärkt, indem eine stärkere Öffnung zum benachbarten Quartier vorgenommen wird. Ein neu geschaffener Eingangsbereich führt hier auf einen zentralen Campus-Platz, um den sich die wesentlichen öffentlichkeitswirksamen Nutzungen gruppieren. Hier finden sich außer der Mensa auch zentrale Lehrflächen, studentische Arbeitsräume, die Bibliothekserweiterung und die Hochschulverwaltung. Im weiter westlich gelegenen Bereich sind schwerpunktmäßig die Gebäude der Fachbereiche angeordnet, die räumlich und funktional entweder miteinander verbunden sind oder in fußläufiger Entfernung liegen.

↖ *Campusband und grüner Saum*

Campusband als verbindende Spange

Ost- und Westteil des Campus mit ihren jeweiligen Nutzungsschwerpunkten werden über ein *Campusband* verknüpft, das die bestehende Platzfläche im Westen und den neuen Platz im Osten miteinander verbindet.
Die Straße Flögemannsesch wird als zweite wesentliche Wegeverbindung vorgesehen, die als *Spange* ebenfalls an die beiden Entrée-Plätze des Plangebiets anknüpft.

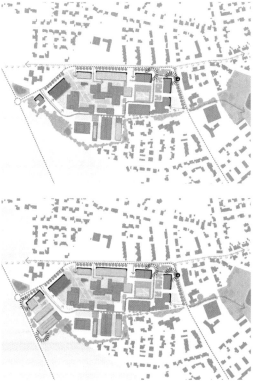

↖ *Thematische Piktogramme zur Campusnutzung*

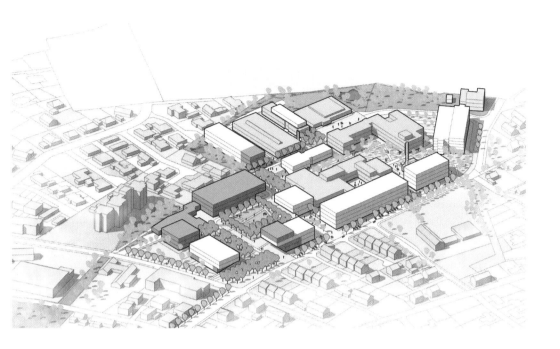

Grüner Saum als Nahtstelle und Übergang

Durch die großzügige Öffnung der Freiflächen zum Quartier wird der öffentliche Charakter auch für die Nachbarn aus dem Quartier hervorgehoben. An der südlichen Kante des Campus wird ein grüner Saum als Nahtstelle und Übergang zum Quartier und zur freien Landschaft gebildet; er wird nach Osten als Wegeverbindung zum Park am Tiggelsee fortgesetzt. Der eher untergenutzte Bereich zwischen den Gebäuden soll zu einem integralen Bestandteil der Freiraumkonzeption werden – er knüpft an die nördlich gelegenen Freiraumstrukturen im Quartier an und soll als eher »stiller« Grünraum wahrgenommen werden.

↖ *Axonometrie Campus Steinfurt*

207

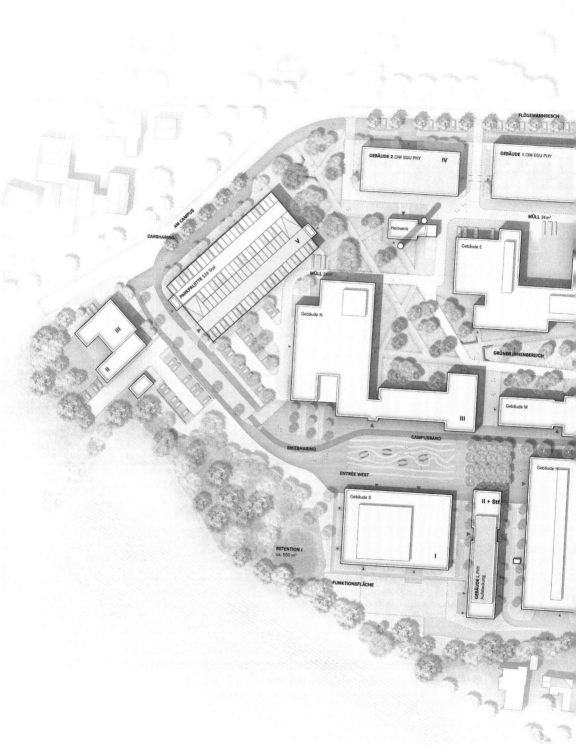

FLÖGEMANNSESCH

GEBÄUDE 2 CIW EGU PHY   IV

GEBÄUDE 1 CIW EGU PHY

AM CAMPUS

CARSHARING

MÜLL 24 m³

Heizwerk

Gebäude E

PARKPALETTE 528 Stpl.   V

MÜLL 24 m³

Gebäude N

GRÜNER INNENBEREICH

III

Gebäude M

III

BIKESHARING

CAMPUSBAND

Gebäude H

ENTRÉE WEST

Gebäude S

II + Stf

RETENTION I
ca. 500 m³

I

GEBÄUDE L PHY
Aufständung

FUNKTIONSFLÄCHE

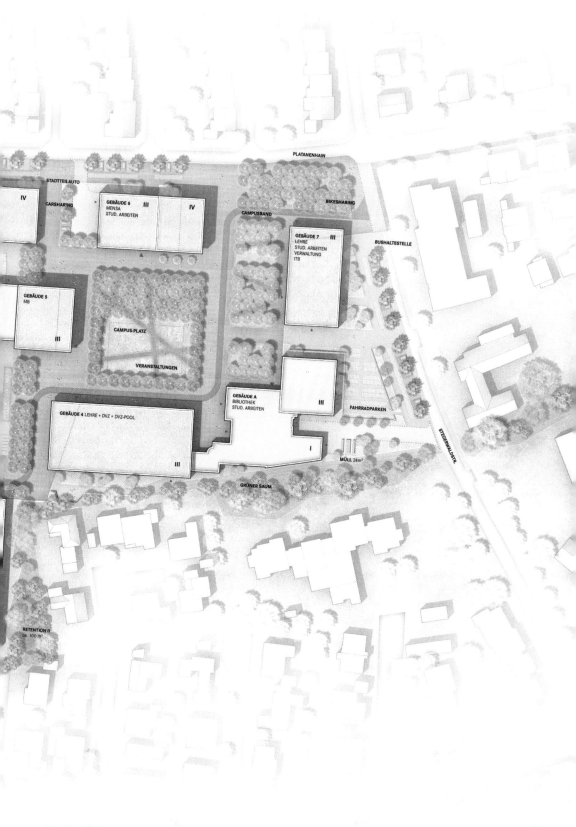

STADTTEILAUTO

CARSHARING

IV

GEBÄUDE 6   III
MENSA
STUD. ARBEITEN

IV

PLATANENHAIN

BIKESHARING

CAMPUSBAND

GEBÄUDE 7   III
LEHRE
STUD. ARBEITEN
VERWALTUNG
ITB

BUSHALTESTELLE

GEBÄUDE 5
MB

III

CAMPUS-PLATZ

VERANSTALTUNGEN

GEBÄUDE A
BIBLIOTHEK
STUD. ARBEITEN

III

FAHRRADPARKEN

GEBÄUDE 4 LEHRE + DVZ + DVZ-POOL

III

I

MÜLL 24m²

STEGERWALDSTR.

GRÜNER SAUM

RETENTION II
ca. 100 m³

CISPA Helmholtz Campus Saarbrücken

06.08

Auftraggeber
LEG Service GmbH
Saarbrücken,
Ministerium für Inneres,
Bauen und Sport des
Saarlandes

Team
club L94
Landschaftsarchitekten

Das CISPA Helmholtz-Zentrum will als international renommierte Forschungseinrichtung seinen Standort in unmittelbarer Nähe der Universität des Saarlandes zu einem innovativen Hightech-Campus mit internationaler Strahlkraft weiter bauen. Im Rahmen des städtebaulichen und freiraumplanerischen Wettbewerbes ist ein Konzept entwickelt worden, das auf folgenden Leitgedanken und Zielen basiert:
• Schaffen eines modernen, naturnahen Forschungscampus,
• Erlebbarmachen des Waldes durch die starke Verzahnung von Architektur und Natur,
• sensibles Einfügen des Campus in die Landschaft und Topografie,
• Realisierung eines autofreien Campus mit attraktiven Freiräumen und hoher Aufenthaltsqualität.

Das städtebauliche Konzept gliedert sich dabei im Wesentlichen in zwei Zonen: Im Norden bildet die freie Anordnung von organischen Gebäudeformen einen geschwungenen Bogen bis zum Hochpunkt des neuen Waldcampus. Die Gebäude fügen sich sanft in den Wald und die Topografie des Hanges ein. Im Süden entsteht ein städtebauliches Rückgrat für den Campus, das mit seiner klaren Formensprache einen gelungenen Übergang zur Bestandsbebauung schafft. Zwischen den beiden Zonen bildet eine Freiraumachse, die sich an drei Stellen als gemeinsame Mitte zu Platzsituationen aufweitet, das Herz des neuen Campus.

Im östlichen Bereich befindet sich im Rahmen einer repräsentativen Eingangssituation die Hauptadresse des Campus. Um den zentralen Freiraum und die in den Hang integrierten Waldterrassen gruppieren sich die zentralen Nutzungen des CISPA-Campus. Vorgesehen sind hier neben Werkstätten, Büros und Besprechungsräumen ein attraktiver Showroom und eine Multifunktionshalle. Als städtebaulicher Abschluss sind im Hochpunkt auf der Waldkrone das Gästehaus sowie ein Veranstaltungssaal untergebracht. Von der dortigen Dachterrasse wird ein spektakulärer Ausblick über den gesamten Campus und in die umliegende Natur ermöglicht, wodurch der internationalen Bedeutung des Forschungszentrums Rechnung getragen wird. Westlich anschließend ist eine Waldkita mit großzügigem Außenbereich vorgesehen. Die weitere Bebauung zeigt das Potenzial des Campus für zukünftige Erweiterungen, wie des IFZP Fraunhofer Instituts, auf.

↘ Städtebaulicher Lageplan CISPA Helmholtz Campus

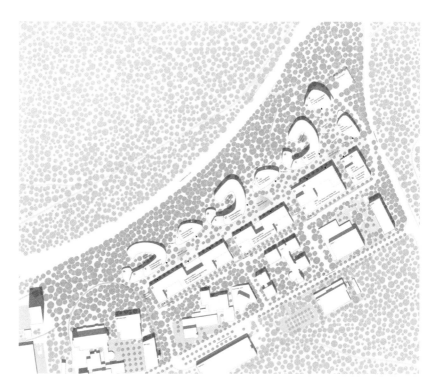

↘ *Leitbild CISPA Helmholtz Campus*

Der Wald ist der Identitätsstifter der neuen Anlage. Die Architektur schafft Blickbeziehungen zum Wald und gliedert sich in die topografische und waldreiche Situation ein. Die Adressen der Gebäude werden auf verschiedenen Terrassen eingerichtet und schaffen so einen abwechslungsreichen Freiraum im Bergrücken. Zugleich kann durch die Terrassierung im Hang das anfallende Regenwasser auf den einzelnen Terrassen und Grünflächen versickern. Im Platzbereich bieten drei große Teichanlagen einen attraktiven Ort zum Verweilen. Bei größeren Regenmengen kann das abfließende Wasser vom Hang hier gesammelt und langsam abgeführt werden.

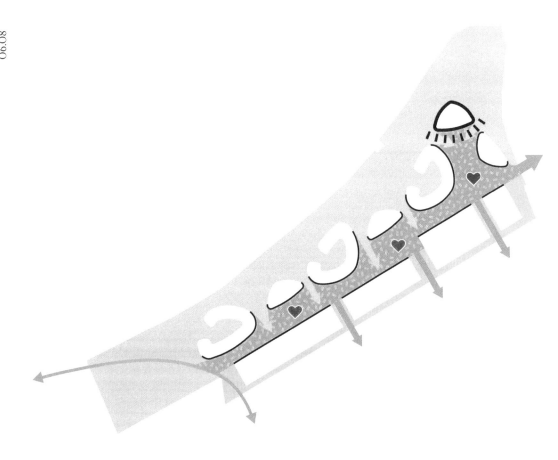

Wiederverwertungen der Aushubmassen zur Geländegestaltung

1. Anfall von Aushubmasse durch Baumaßnahmen

2. Verwendung der Aushubmasse zur Geländegestaltung

3. Barrierefreie Erschließung

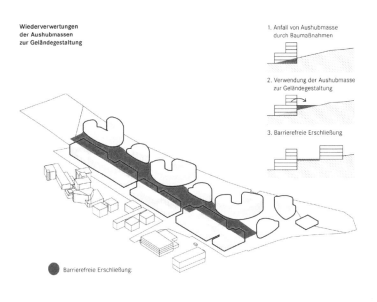

Barrierefreie Erschließung:

Barrierefreie Magistrale

1. Bauabschnitt

2. Bauabschnitt

3. Bauabschnitt

Bauabschnitte

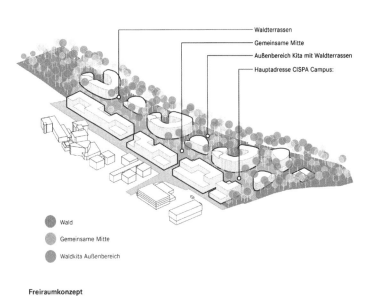

Waldterrassen

Gemeinsame Mitte

Außenbereich Kita mit Waldterrassen

Hauptadresse CISPA Campus:

Wald

Gemeinsame Mitte

Waldkita Außenbereich

Freiraumkonzept

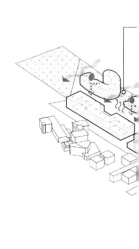

Klimaanpassung

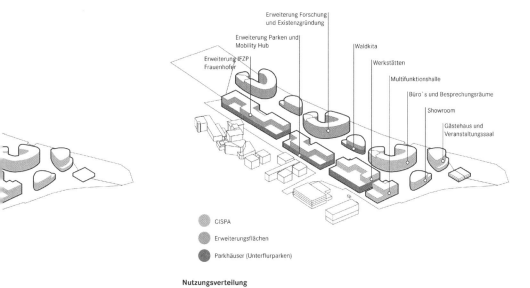

Erweiterung Forschung und Existenzgründung

Erweiterung Parken und Mobility Hub

Waldkita

Erweiterung IFZP Frauenhofer

Werkstätten

Multifunktionshalle

Büro`s und Besprechungsräume

Showroom

Gästehaus und Veranstaltungssaal

CISPA

Erweiterungsflächen

Parkhäuser (Unterflurparken)

Nutzungsverteilung

Durchlüftung des Campus

Retention Oberflächenwasser

Abkühlungseffekt Retentionsraum: Verdunstung

Abkühlungseffekt Wald und Bäume: Verdunstung und Verschattung

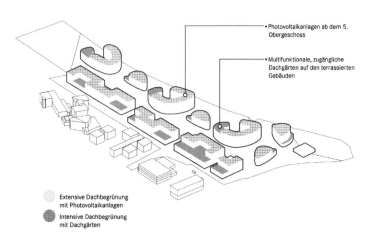

• Photovoltaikanlagen ab dem 5. Obergeschoss

• Multifunktionale, zugängliche Dachgärten auf den terrassierten Gebäuden

Extensive Dachbegrünung mit Photovoltaikanlagen

Intensive Dachbegrünung mit Dachgärten

Dachnutzungen

217

Im Strudel vielfältiger Transformationsprozesse wurden in Deutschland Produktionsstätten an den Stadtrand und auf die grüne Wiese verdrängt. In Zeiten des Klimawandels und von Veränderungen der Arbeitswelt durch die Globalisierung kommt der Vision einer dezentralen urbanen Produktion nicht nur aus städtebaulicher Sicht eine äußerst wichtige Bedeutung zu. Mit der Digitalisierung werden emissionsarme und ressourceneffiziente Formen der Produktion in den Städten entstehen, die in ein urbanes Umfeld mit hoher Dichte integriert werden können. Zudem ermöglichen die innovativen Fertigungstechnologien eine kleinteiligere und dezentrale Produktion in einem stadtverträglichen Umfeld. Diese innovativen Produktionsformen, die sich in den städtischen Kontext einfügen lassen, bieten viele Chancen für eine nachhaltige Stadtentwicklung: Sie kann dazu beitragen, den Flächenverbrauch einzudämmen, die bisherige Funktionstrennung zu überwinden und ein zukunftsfähiges städtebauliches Leitbild der »Stadt der kurzen Wege« zu befördern.

Neue Generation von Gewerbe- und Produktions-strukturen

Berlin TXL
Tegel

Berlin TXL – The Urban Tech Republic bildet den Prototyp eines zukunftsfähigen Wissenschafts- und Produktionsquartiers. Auf dem Weg in die vierte industrielle Revolution erfolgt eine enge Verzahnung von Innovation, Produktion und Energie in einem dezentralen, kleinteiligen und lateralen Gefüge. Dieses System verwebt sich eng mit dem Stadtraum und muss in der Qualität des öffentlichen Raums eines gemischt genutzten, vielfältigen und urbanen Quartiers sichtbar werden.

Die klare Struktur des Forschungs- und Produktionsstandortes setzt sich in den einzelnen Teilbereichen fort. Das Grundgerüst bildet der öffentliche Raum der zentralen Plätze und Straßenräume, in denen der einzigartige Charakter des ehemaligen Flughafens Tegel und des neuen Zukunftsstandortes sichtbar werden. Über den öffentlichen Raum werden die verschiedenen Quartiere miteinander vernetzt.

Die nördliche Achse sowie das Trapez um den Campusbereich bilden die Haupterschließung des Gebietes. Entlang der Achse werden großflächige Produktionsbereiche (Industriepark Ost und West) im Norden und Büro- und Forschungsbereiche im Süden erschlossen. Die verschiedenen Freiraumbezüge werden über Grünzüge im Zentrum des Gebietes miteinander verknüpft. Von Norden wird die freie Landschaft der *Tegeler Stadtheide* in einer breiten Grünschneise zwischen dem Industriepark Ost und West an das Terminalgebäude A geführt. Im südlichen Bereich erfolgt die Vernetzung mit dem äußeren Freiraum über straßenbegleitende urbane Grünzüge nach Südosten in Richtung *Rehberge* und nach Südwesten.

Auftraggeber
Tegel Projekt GmbH

Team
EIBS Verkehrsplanung

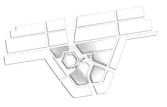

↖ *Gliederung des Quartiers in funktionale Teilbereiche*

↘ Fußgängerperspektive Berlin TXL   ↖ Lageplan Berlin TXL

↖ Berlin TXL aus der
Vogelperspektive

223

↘ *Nutzungspiktogramme*

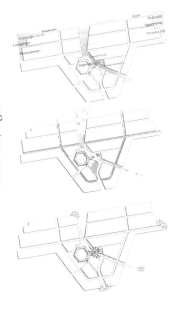

Der Tower bildet den Fokuspunkt der Sichtachse durch die Grünzüge. In diesem Zentrum entsteht mit der Berliner Hochschule für Technik der Kern der wissensbasierten Quartiersentwicklung. Ausgehend von der Hochschule im ehemaligen Terminalgebäude werden unterschiedliche Forschungs- und Produktionsbereiche entwickelt, die über verschiedene Grünzüge miteinander verbunden werden.

Der zentrale Bereich gliedert sich in verschiedene Teilräume mit eigener Identität. Das Terminalgebäude A wird von einer steinernen Fläche umgeben, die mit dem grünen Campusinnenbereich korrespondiert. Innerhalb des *High Flyers* entsteht eine aus Regenwasser gespeiste Wasserfläche mit Außenarbeitsräumen und Begegnungsorten für den informellen Austausch. Die zentrale Platzfläche um den Tower wird von der umgebenden Bebauung gefasst und verbindet die steinernen Elemente des Terminalvorfelds

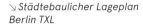

↘ *Städtebaulicher Lageplan*
Berlin TXL

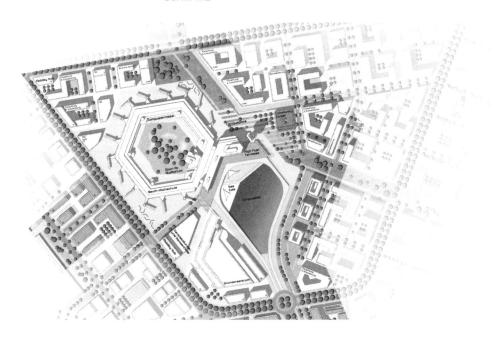

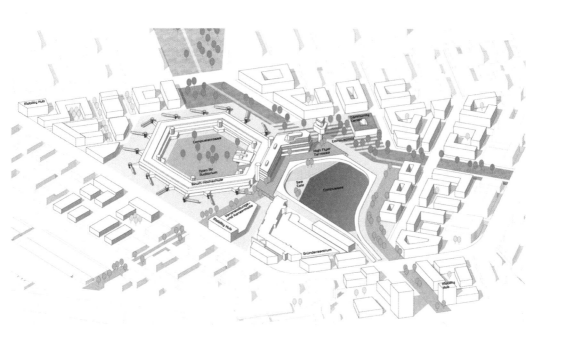

mit den Grünelementen der Landschaftsver-
netzung. Dies ist der Raum für Experimentierfel-
der an der Schnittstelle von Hochschule und
Praxis. Das Community Center bietet Kommunikationsraum für die Öffentlichkeit und Platz
für den zentralen Mobility Hub. Das Nachhaltig-
keitskonzept des Quartiers spiegelt sich auch
im öffentlichen Raum wider.

Verschiedene Formen der Energieversor-
gung prägen Gebäude und Freiräume. Das zu-
kunftsweisende Mobilitätskonzept wird in die
Straßen- und Platzräume integriert. Die Anpassung an die Auswirkungen des Klimawandels
werden durch die Bepflanzung, Vermeidung
von Hitzeinseln und die Anlage von Wasser- und
Versickerungsflächen in den Grünbereichen
berücksichtigt.

↖ *Axonometrie Berlin TXL*

Verantwortung
Immissionsfreie Industrie Sonne Nahwärme Synergien
Windkraft Energien Natur Antriebe Fernwärme Wissenschaft Temporäre Wohnformen
Solare Gewinne Photovoltaik Recycling Alternativen Emission Engagement Entwicklung Versorger
Urban Farming Sozialunternehmer Smart Grid Energieverbund Wissen Pioniere Arbeiten
Nahwärme Nachhaltigkeit Mobilität Image Netzwerke Entwicklung Impulse Mobilität
Gewerbe Innovation Kooperation Energie
Impulsgeber Infrastruktur Marketing Fernwärme
Ökologie Crowdsourcing Identität Bildung Hybride Typologien
Kooperation Grüne Lunge Solarthermie
Synergie Forschung Standorte Wirtschaft
Technologie Urban Technologies Infrastruktur
Durchgrünung Produktion Immissionsfrei
Lokale Ökonomie Produktion
Solarpotenziale Urbane Manufaktur

TheUrbanTech
Republic

people mover

9

BEUTH HOCHSCHULE

Öffentliche
Erdgeschosse

Mobility
Hub

FLEXIBEL
INNOVATION
CAFÉ PEOPLE MOVER
ELEKTRO ENERGIE
CARSHARING HYBRID
TAXISTAND

- Versickerungsflächen mit Zisternen zur dezentralen
  Grauwassernutzung des Niederschlagswasser
- Nutzung lokaler Energieträger
- Großzügige Grünflächen mit makro-klimatischem
  Einfluss bezona Hitzeinseln vor

Camp Hitfeld
Aachen

Nachdem 1993 die militärische Nutzung des Camp Hitfeld aufgegeben wurde, zerfielen die Gebäude im Laufe der Zeit. Streetart-Künstler nutzten die verbliebenen Ruinen als Leinwand für ihre Kunst. Heute stellen sich die Relikte als eine einzigartige Mischung aus Verfall, Natur und Kunst dar.

Dieser einzigartige Charakter bildet den Ausgangspunkt der Reaktivierung des Standortes. Gewerbliche und kreative Nutzungen sollen das künftige Gebiet zu einem inspirierenden Ort werden lassen, der sich als produktive und umsetzungsorientierte Ergänzung zu den Wissenschaftsstandorten Aachens versteht.

Der Fokus des neuen Quartiers liegt auf gewerblichen Nutzungen, die vom verarbeitenden Gewerbe über Dienstleistungen bis hin zur Kreativwirtschaft reichen sollen. Leitbranchen könnten etwa IT-Hersteller und Dienstleister, der Komponentenbau für hochtechnisierte Produkte, Energiewirtschaft, Logistik und Mobilität sowie Marketing sein. Insgesamt soll hier ein hoher Anteil digitalisierter Unternehmen und Firmen der Industrie 4.0 zu finden sein. Ergänzt wird der gewerbliche Nutzungsschwerpunkt durch verschiedene Infrastrukturangebote wie Gastronomie, Kinderbetreuung und Nahversorgung: So kann sich künftig eine urbane Atmosphäre entwickeln.

Das Gebiet vereint Freiraumqualitäten und hohe gestalterische Qualitäten. Vorgesehen werden überwiegend großzügig dimensionierte Baukörper, die zum einen der geplanten urbanen baulichen Dichte entsprechen und zum anderen auch größere Betriebe aufnehmen können.

Auftraggeber
Landmarken AG

↖ Städtebaulicher Lageplan

↘ *Anbindung an Aachen-Mitte*

Architektonische Qualität kombiniert mit innovativen kostengünstigen Bauformen und flexibel bespielbaren Nutzungseinheiten soll auch jungen Unternehmen einen attraktiven und bezahlbaren Standort bieten können.

Das Gebiet wird von einer zentralen Magistrale dominiert, entlang derer eine dichte Bebauung mit bis zu sechs Geschossen und aktiven Erdgeschosszonen zur Belebung des öffentlichen Raums vorgesehen wird. Anfang und Ende dieser Magistrale werden von baulichen Hochpunkten besonders betont: Hier soll die zentrale Adresse entstehen. An der südlichen Kante des Plangebietes ist eine ähnlich dichte Bebauung vorgesehen, die dem Gebiet, zur dort verlaufenden Autobahn, ein repräsentatives Gesicht verleiht. Im nördlichen Bereich entsteht eine niedrigere Bebauung mit kleinteiligen gewerblichen und handwerklichen Nutzungen, die damit einen fließenden Übergang in die freie Landschaft andeutet.

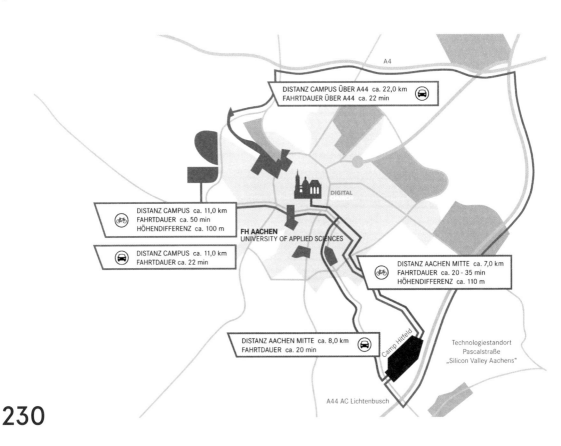

Die besondere Qualität des Standortes ist die direkte Nähe zum Aachener Wald und zur weitgehend unbebauten Umgebung. Dies wird im Freiraumkonzept aufgegriffen: Die zentrale Magistrale wird von einem großzügig dimensionierten Freiraum begleitet, der den umgebenden Naturraum in das Gebiet einbezieht. Von diesem zentralen Freiraum zweigen wiederum weitere grüne Freibereiche ab, die zusätzliche Bezüge zu Wald und Naturraum herstellen.

In diesen Freiräumen werden vereinzelt besonders repräsentative Solitärgebäude für öffentliche Nutzungen, Gastronomie und Versorgung vorgesehen, zudem sollen hier immer wieder Ruinen der ehemaligen Kaserne erhalten bleiben: Sie sollen weiterhin als Leinwand für Kunst dienen und erinnern gleichsam an die Historie des Gebietes.

↘ *Integration Camp Hitfeld in bestehendes Netz Aachener Hochschul- und Technologie- standorte*

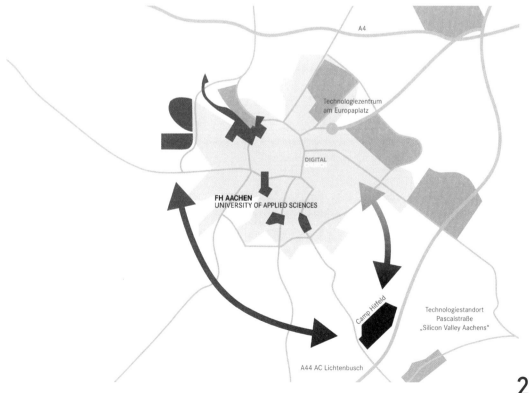

↘ *Spektrum des Produktionszyklus*

Das Erschließungskonzept sieht neben der zentralen Magistrale effiziente Spangenerschließungen der einzelnen Baufelder vor. Für eine effiziente und verträgliche überregionale Anbindung wird eine neue Erschließungsstraße geplant, die eine Anbindung an die nahegelegene Autobahn ermöglicht. Die neue Erschließungsstraße soll parallel zu einer dort befindlichen Pipeline verlaufen und nutzt deren bereits vorhandene Trasse. So werden Umweltbeeinträchtigungen minimiert.

Zusätzlich werden gut erreichbare Mobilitätsschnittstellen an zentralen Punkten vorgesehen, die um einen Shuttle-Service und Ladestationen sowie unterschiedliche Sharing-Angebote ergänzt werden sollen.

07.02

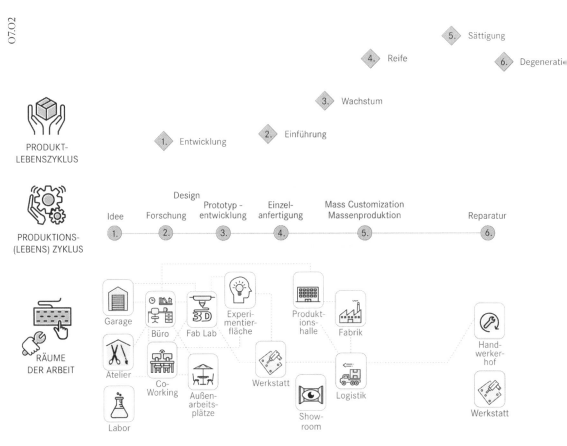

↖ *Moodboard Camp Hitfeld*

↘ *Isometrie der Nutzungen*
auf Camp Hitfeld

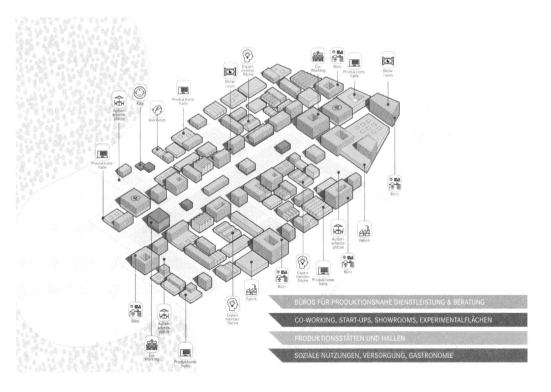

BÜROS FÜR PRODUKTIONSNAHE DIENSTLEISTUNG & BERATUNG

CO-WORKING, START-UPS, SHOWROOMS, EXPERIMENTALFLÄCHEN

PRODUKTIONSSTÄTTEN UND HALLEN

SOZIALE NUTZUNGEN, VERSORGUNG, GASTRONOMIE

Produktives Quartier Aachen-Nord

Auftraggeber
Stadt Aachen

Auf dem erprobten Gewerbestandort Aachen-Nord soll zukünftig in einem lebendigen Stadtquartier produziert, gearbeitet und gelebt werden. Das Thema Produktion, Gewerbe und Nutzungsmischung spielt dabei in nahezu allen Quartiersteilen eine wichtige Rolle. Neben der langfristigen Sicherung wichtiger Produktionsbetriebe wie dem Lebensmittelhersteller Zentis, StreetScooter und Talbot entstehen in unterschiedlichen Schwerpunktbereichen ansprechende Produktions- und Arbeitsumgebungen für zukunftsorientierte, innovative und nachhaltige Betriebe in direkter Nähe zu attraktiven und familienfreundlichen Wohnlagen. Durch das diversifizierte Gewerbeflächenangebot sollen langfristig eine resiliente und zukunftsfähige Wirtschaftsstruktur entwickelt werden und wohnstandortnahe Arbeitsplätze in der Stadt Aachen erhalten bleiben.

Einen lebendigen Mittelpunkt für den Aachener Norden liefert die Kultur- und Kreativbranche im Zentrum des Gebiets. Hier finden innovative Arbeitsformen wie Start-ups, FABLabs und Co-Working-Spaces ihren Platz. Bisher mindergenutzte Strukturen werden erweitert und ergänzt. Insbesondere im Bereich der Parkplatzfläche der Diskothek *Starfish* wird die bestehende Bebauung erweitert.

Im südlichen Bereich des Quartiers entlang des Flusses Wurm soll ein innovatives gemischtes Wohn- und Arbeitsquartier entstehen. Dieses nutzt die gegebenen Qualitäten, wie die direkte Nähe zu den vorhandenen Grün- und Wasserflächen, und verknüpft dabei Wohn- und Arbeitssphären. Es entstehen unterschiedliche kleinteilige Typologien von Wohnen mit integrierten Arbeitsräumen, Atelier- und Loftwohnungen.

↘ *Räumliches Gesamtkonzept Aachen-Nord*

07.04

Vogelsanger Weg Düsseldorf

Das Quartier beiderseits des Vogelsanger Wegs besteht aus sehr unterschiedlichen Teilbereichen: gewerbliche Nutzungen im Zentrum, kleinteilige Mischnutzungen an der Münsterstraße und Kleingärten in den Randbereichen. Das Ziel der Entwicklung ist es, neue urbane Mischungen von Wohnen und Arbeiten in dem bestehenden Gewerbegebiet zu ermöglichen und die unterschiedlichen Lagen im Bestand in Wert zu setzen.

Die Entwicklung für das neue Quartier *Vogelsanger Weg* greift die Heterogenität des Gebietes auf. Der strategische Ansatz für das Quartier nutzt die vorhandenen Strukturen und ermöglicht eine individuelle Entwicklung des Gebietes. Es entstehen drei bauliche Entwicklungsbereiche mit jeweils eigenen Regeln und Typologien:

An der Münsterstraße entsteht ausgehend von der bestehenden Straßenrandbebauung eine kleinteilige Transformation und Arrondierung aus Wohnen, Versorgung und Arbeiten. Entlang des Vogelsanger Weges entsteht ein Cluster-Feld, in dem einzelne Grundstücke eigenständige, unabhängig voneinander zu entwickelnde Cluster mit Bereichen unterschiedlicher Nutzungsschwerpunkte bilden. Im Südwesten entlang des Zubringers werden die bestehenden Dienstleistungsstrukturen langfristig ergänzt. Ganz im Süden entsteht ein neuer Solitär als Auftakt in das Quartier.

Auftraggeber
Stadt Düsseldorf

Team
Planergruppe Oberhausen

236

↘ *Strukturplan Vogelsanger Weg*

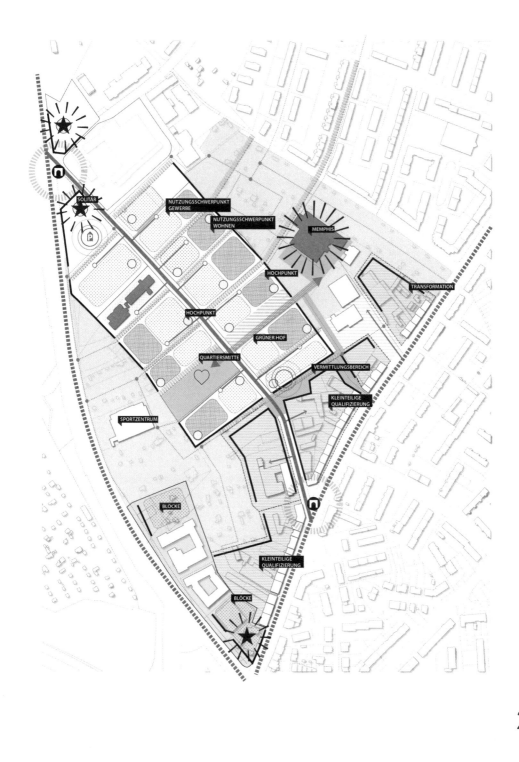

SOLITÄR

NUTZUNGSSCHWERPUNKT GEWERBE

NUTZUNGSSCHWERPUNKT WOHNEN

MEMPHIS

HOCHPUNKT

TRANSFORMATION

HOCHPUNKT

GRÜNER HOF

QUARTIERSMITTE

VERMITTLUNGSBEREICH

KLEINTEILIGE QUALIFIZIERUNG

SPORTZENTRUM

BLÖCKE

KLEINTEILIGE QUALIFIZIERUNG

BLÖCKE

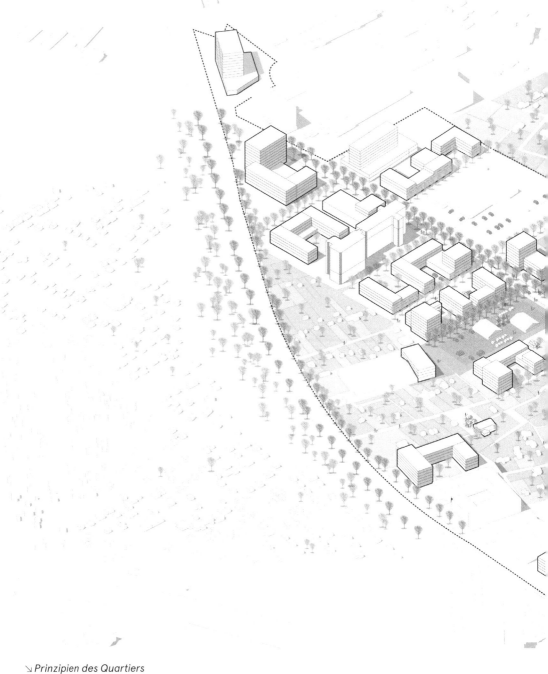

↘ *Prinzipien des Quartiers*

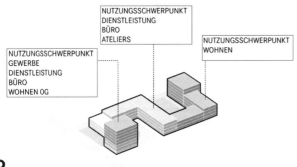

NUTZUNGSSCHWERPUNKT
DIENSTLEISTUNG
BÜRO
ATELIERS

NUTZUNGSSCHWERPUNKT
WOHNEN

NUTZUNGSSCHWERPUNKT
GEWERBE
DIENSTLEISTUNG
BÜRO
WOHNEN OG

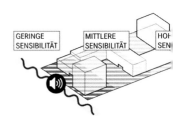

GERINGE
SENSIBILITÄT

MITTLERE
SENSIBILITÄT

HOH
SEN

↖ *Vogelsanger Weg aus der Vogelperspektive*

VOGELSANGER WEG GEWERBEADRESSE

GRÜNER FREIRAUM WOHNADRESSE

WOHNHOF

GEWERBEHOF

Für alle Entwicklungsbereiche gilt das Prinzip der Planung mit der Realität. Die Entwicklung erfolgt bestandsorientiert und kleinteilig. Auf die individuelle Parzellierung der Eigentümer wird eingegangen. Es wird ein robustes Gerüst geschaffen, auf dessen Grundlage unterschiedliche Nutzungen in verschiedenen zeitlichen Horizonten unabhängig voneinander entwickelt werden können.

Die Unbestimmtheit und Brüche im Gebiet werden aktiv genutzt. Die Heterogenität des Quartiers mit vielen inneren Grenzen wird zu einem Entwurfsprinzip, das eine individuelle Qualität der verschiedenen Bausteine ermöglicht. Aus dieser Struktur werden Wohn- und Gewerbehöfe entwickelt, die mit dem Arbeitsschwerpunkt zur lauten Adresse Vogelsanger Weg ausgerichtet sind, und Wohnhöfe, die sich zu den ruhigen Freiräumen orientieren. Durch das Back-to-Back der Nutzungen können auf den einzelnen Grundstücken unterschiedliche Nutzungen angeordnet werden.

Insgesamt geht es darum, die vorhandenen Qualitäten im Gebiet zu stärken. Merkmale wie die gute Lage, das Memphis-Gebäude und die beidseitig gelegenen Grünflächen werden aufgegriffen und zu einer Konstante des Quartiers.

↘ *Lageplan Vogelsanger Weg*

241

Schildacker
Freiburg

07.05

Auftraggeber
Stadt Freiburg

Team
Planergruppe Oberhausen

Das Gewerbegebiet Schildacker mit einer Größe von circa 48 Hektar soll sich in den nächsten Jahren zu einer lebendigen Mischung von Wohnen, Gewerbe und Kultur entwickeln.

Das Ziel des Konzepts ist es, einen kreativen Ort des gemeinsamen Wohnens und Arbeitens zu schaffen: die Produktive Stadt. Ausgehend von den bestehenden Potenzialen des Quartiers, wie dichter Mix verschiedener Nutzungen, städtische Produktion, Kunst, natürliche Freiräume und freie Entwicklungsflächen, entsteht ein neuer Stadtteil.

Die Produktive Stadt erzeugt einen Mehrwert für die Stadtgesellschaft – sie produziert einen gestärkten Gemeinschaftssinn sowie Landschaft, Nahrungsmittel, Kunst und Kreativität. Soziales Kapital, natürliche Ressourcen und ökonomisches Potenzial werden gleichberechtigt entwickelt.

Baulich wird das Konzept durch verschiedene Leitlinien unterstützt. So werden städtebaulich bedeutsame Raumkanten gebildet, die Bauhöhe begrenzt, Erdgeschosse zum öffentlichen Raum umgewandelt, Freiräume und der überwiegende Baumbestand gesichert sowie ein Beitrag zum Immissionsschutz geleistet.

Ein quartiersbezogenes Verbundsystem, gespeist aus regenerativen Energien und einem gemeinsamen Blockheizkraftwerk, bildet die Grundlage der energetischen Versorgung des Plangebiets. In der transparent gestalteten Energiezentrale kann die Stromerzeugung hautnah betrachtet werden. Die Bewohner sollen nicht nur reine *consumer* sein, sondern auch aktiv durch die Nutzung von beispielsweise Solarkollektoren und Photovoltaik zu *prosumern*, also zu produzierenden Konsumenten, werden. Dies stärkt sowohl die Umwelt als auch die Gemeinschaft.

↘ Rahmenplan Schildacker-Areal, Freiburg

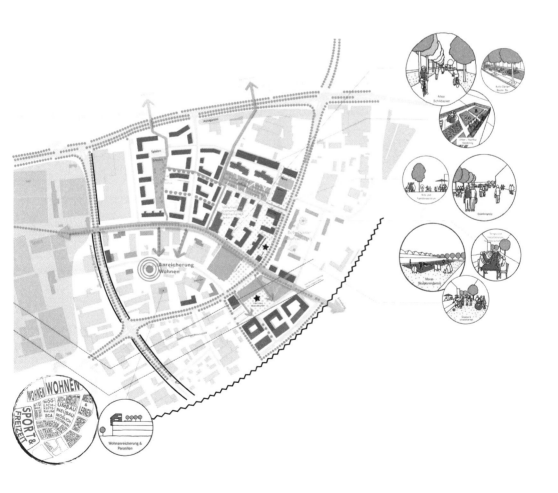

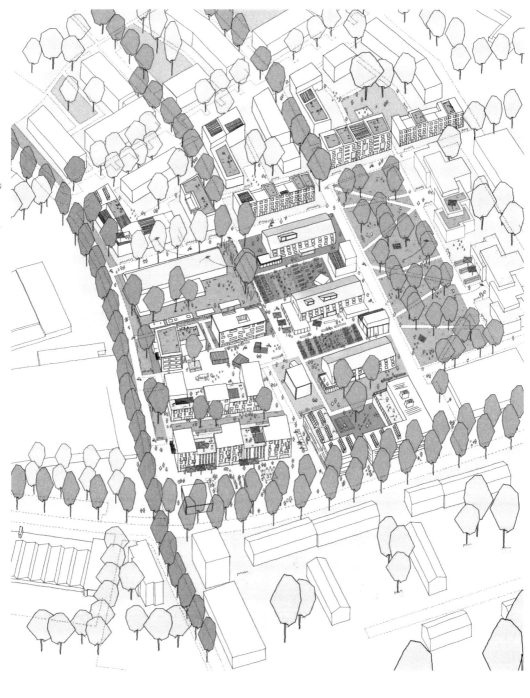

↖ *Perspektive auf das Areal*

↘ *Städtebaulicher Lageplan*
Schildacker-Areal

RTunlimited
Reutlingen

Auftraggeber
Stadt Reutlingen

Team
GREENBOX
Landschaftsarchitekten,
Lindschulte Verkehrsplaner

Das zentral in Reutlingen liegende Industriegebiet In Laisen soll eine Transformation zu einem innovativen Produktionsort erfahren. Das Ziel ist die Umwandlung in einen nachhaltigen und attraktiven Standort für die Industrie der Zukunft. Der bisher wie ein Fremdkörper in der Stadt wirkende Baustein des Industriegebiets In Laisen wird durch die Einbringung neuer, ergänzender Nutzungen von Freiräumen und die Verbesserung bestehender Straßenräume stärker mit der Stadt verwoben und aufgewertet.

Durch Fortsetzung bestehender oder in der Planung befindlicher städtebaulicher Motive wird das Gebiet baulich in den Kontext der Stadt integriert. Das Motiv einer baulichen Schiene entlang der Bahnlinie wird aufgegriffen und weitere Hochpunkte werden in diese eingebracht. Um eine schrittweise Transformation zu ermöglichen, ist das Gesamtkonzept an den Bestandsstrukturen orientiert. So können Qualitäten des Konzepts auch in frühen Phasen der Umsetzung erzeugt werden.

Das Nutzungskonzept zeigt eine klare Gliederung und Zonierung der industriellen Grundstücke auf. Die Grundstücke werden in kleine Grundstücke (S), mittlere Grundstücke (M) und große Grundstücke (L) sortiert. In Bereichen, die an kleinteilige Stadtgebiete angrenzen, werden vermehrt kleine Grundstücke vorgesehen, um einen baulichen Übergang zu erzeugen. Die mittleren Grundstücke befinden sich zentral im Gebiet. Am östlichen Rand des Areals werden die großen Strukturen verortet. Diese können durch eine direkte Anbindung an die B464 profitieren.

An den Quartierseingängen werden Sonder-
bausteine verortet, die eine Ausstrahlungskraft
nach außen haben und gemeinschaftliche Einrichtungen wie Veranstaltungsräume, geteilte Produktionsstätten, soziale Infrastruktur und Versorgung beherbergen. Dies wird in einer stärkeren Mischform mit Büronutzungen auch in der
Weiterführung der Schiene entlang der Bahn im
südlichen Teil des Gebiets fortgesetzt.

↘ *Strukturplan RTunlimited*

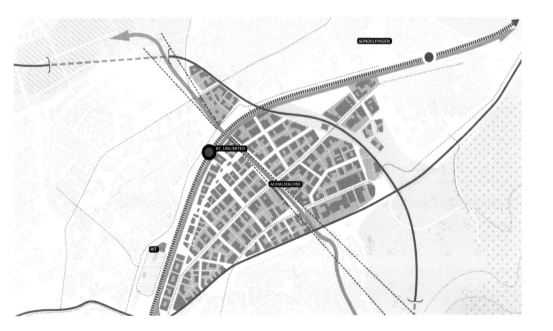

Den Sonderpunkt des Gebiets bildet der *Campus RTunlimited* aus. Hier finden besonders innovative Betriebe ihren Platz und eine entsprechende Adresse. Die Mischung von Produktion, Werkstätten, Forschungs- und Laboreinrichtungen sowie Büroarbeitsplätzen wird ergänzt durch soziale Einrichtungen, Veranstaltungsräume und Gastronomie, um ein attraktives Arbeitsumfeld zu erzeugen.

Hier wird der innovative Charakter des Areals spürbar. Die frühe Umsetzbarkeit sorgt für eine starke Impulswirkung auf das Gesamtgebiet.

Am Campus werden fortschrittliche Industriebetriebe angesiedelt. Diese können durch neue Herstellungstechnologien und Innovationen einem höheren Gestaltungsanspruch gerecht werden.

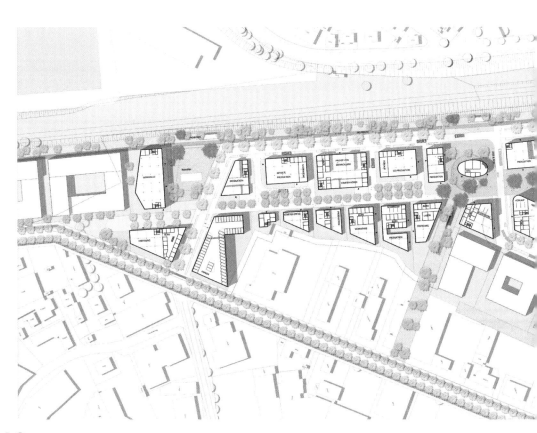

↘ *Lageplan Vertiefungsbereich*
RTunlimited

GRÜNES BAND

BAHNHOF RTunlimited

CAMPUS RTunlimited

INNOVATIONSHÖFE

Max-Eyth-Straße

Karl-Diem-Straße

Sondelfinger Straße

Storlachstraße

GÜTERTERMINAL

RiT

Karlstraße

INNENSTADT REUTLINGEN

SPORT + FREIZEIT

INNOVATIONSINSELN

MOBILITÄTSHUB

ACHALM-ACHSE

Hinter der Hopfe

Grundweg

Brahmsstraße

Königstraße

Um eine weitere Belebung und Öffnung des Raums zu erreichen, werden ergänzend Nutzungen aus dem sozialen Bereich, gemeinschaftliche Nutzungen, Veranstaltungsräume und Gastronomie eingebracht. Südöstlich des Campus-Freiraums wird durch die Einbringung von klassischen Gewerbestrukturen und die Adaption an vorhandene Strukturen ein baulicher Übergang zum Gesamtgebiet geschaffen. Im südwestlichen Teil des Campus werden innerhalb der Innovationshöfe Räume für kleine Betriebe und Start-ups geschaffen. Hier sind geteilte Produktionsstätten angedacht, um kleinen Betrieben eine moderne Produktion zu ermöglichen. An diesen Orten wird ein kreatives Umfeld erzeugt, um Innovationen zu fördern.

So kann der gesamte Produktionszyklus, von der Idee über Forschung und Entwicklung bis hin zur Einzelanfertigung und schließlich Massenproduktion, innerhalb des Bereichs abgedeckt werden. Durch neue Anbindungen über Freiraumachsen und Wegebeziehungen wird eine Verknüpfung mit den angrenzenden Stadtgebieten erreicht. Eine klare Gliederung und räumliche Fassung fördert den urbanen Charakter. Der südlich angrenzende Landschaftsraum des Albtraufs, der über Sichtbezüge bereits im Bestand wahrnehmbar ist, wird durch die zentrale Achalm-Achse aufgegriffen.

Das Erschließungskonzept setzt einen Fokus auf weiche Verkehre, ohne die betriebliche Nutzung im Industriegebiet einzuschränken. An den Eingängen des Gebiets sind Parkhäuser und Lkw-Stellplätze mit angegliederten Mobilitätshubs verortet, um einen Umstieg auf andere Mobilitätsformen zu ermöglichen.

Das Gebiet wird durch ein engmaschiges Netz an Nahmobilitätsangeboten gut versorgt. Bestehende Fahrradrouten werden ergänzt und können eine gute Erreichbarkeit des Gebiets und eine Verknüpfung mit den angrenzenden Quartieren sicherstellen. An den Fahrradrouten sind Fahrradstationen verortet, die eine flexible Nutzung ermöglichen.

Die bestehenden Buslinien werden durch weitere Angebote ergänzt. Innerhalb des Gebiets stellt ein *People-Mover* als autonom fahrendes System die Erreichbarkeit aller Bereich des Gebiets sicher.

↘ *Axonometrie Vertiefungsbereich West*

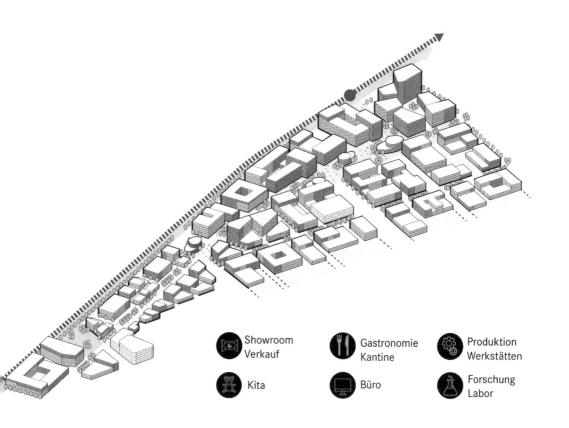

Showroom Verkauf

Gastronomie Kantine

Produktion Werkstätten

Kita

Büro

Forschung Labor

Avantis
Aachen/Heerlen

Auftraggeber
Parkstad Limburg (NL)

Team
Maurer United Architects,
PEM Motion

In den 1990er Jahren, mit der Unterzeichnung der Maastrichter Verträge, entstand die Idee der Gründung eines grenzüberschreitenden Industrie- und Gewerbegebietes als europäisches Reallabor der Wirtschaftsunion.
Nach einer Zeit der Stagnation wird *Avantis* im Sinne eines *Humanotops*, einer Stadt der Zukunft, entwickelt, in der Ressourcenneutralität geschaffen wird. Das Konzept des *Humanotops* erstreckt sich auf fünf zentrale Handlungsfelder: Urbanität und Lebensraum, Mobilität, Ökologie, Energie sowie Produktion.

Als europäisches Reallabor treibt *Avantis* mit seinen innovativen Unternehmen den technologischen und ökologischen Wandel voran, der aktuell in verschiedenen Sektoren wie der Stadtentwicklung, dem Mobilitäts- und Logistiksektor sowie in der Energiebranche vollzogen wird.

Von zentraler Bedeutung innerhalb dieses Masterplans und für die Strahlkraft des künftigen Profils von *Avantis* sind die folgenden Schlüsselprojekte:

Die Schaffung eines zentralen Treffpunkts als Quartiersmitte ist ein wichtiger Ausgangspunkt der räumlichen Konzeption für *Avantis*, da hier eine wesentliche Steigerung von Aufenthaltsqualität und Mehrwert für die Nutzer des Gebiets zu erwarten ist. Hier sollen auch infrastrukturelle Einrichtungen wie eine Kindertagesstätte und ein gastronomisches Angebot geschaffen werden. Als wichtiges Symbol der europäischen Idee grenzüberschreitender Zusammenarbeit und gleichzeitig als Impulsgeber für *Avantis* wird für den Standort das Besucherzentrum des Einstein-Teleskops vorgeschlagen,

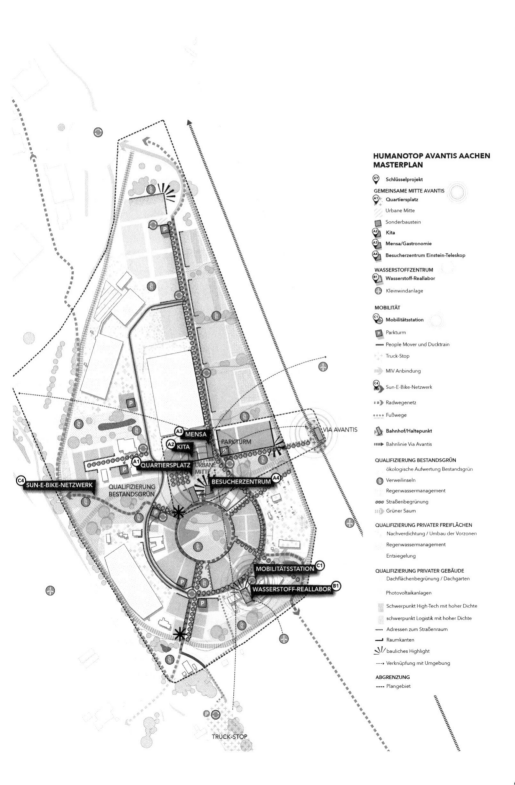

HUMANOTOP AVANTIS AACHEN MASTERPLAN

- Schlüsselprojekt

GEMEINSAME MITTE AVANTIS
- Quartiersplatz
- Urbane Mitte
- Sonderbaustein
- Kita
- Mensa/Gastronomie
- Besucherzentrum Einstein-Teleskop

WASSERSTOFFZENTRUM
- Wasserstoff-Reallabor
- Kleinwindanlage

MOBILITÄT
- Mobilitätsstation
- Parkturm
- People Mover und Ducktrain
- Truck-Stop
- MIV Anbindung
- Sun-E-Bike-Netzwerk
- Radwegenetz
- Fußwege
- Bahnhof/Haltepunkt
- Bahnlinie Via Avantis

QUALIFIZIERUNG BESTANDSGRÜN
- ökologische Aufwertung Bestandsgrün
- Verweilinseln
- Regenwassermanagement
- Straßenbegrünung
- Grüner Saum

QUALIFIZIERUNG PRIVATER FREIFLÄCHEN
- Nachverdichtung / Umbau der Vorzonen
- Regenwassermanagement
- Entsiegelung

QUALIFIZIERUNG PRIVATER GEBÄUDE
- Dachflächenbegrünung / Dachgarten
- Photovoltaikanlagen
- Schwerpunkt High-Tech mit hoher Dichte
- schwerpunkt Logistik mit hoher Dichte
- Adressen zum Straßenraum
- Raumkanten
- bauliches Highlight
- Verknüpfung mit Umgebung

ABGRENZUNG
- Plangebiet

255

das als milliardengefördertes EU-Projekt in der Region Rhein-Maas Platz finden soll. Hier können mit einem Leuchtturm-Projekt neue Strahl kraft entwickelt, Arbeitsplätze generiert und eine europäische Idee an einem europäischen Standort umgesetzt werden.

Die Energie-Branche befindet sich im Umbruch – genauso wie die Sektoren Mobilität und Logistik. *Avantis* eignet sich mit den hier angesiedelten Nutzern aus ebenjenen Sektoren, erneuerbaren Energie-Quellen in unmittelbarer Nähe sowie mit seiner einzigartigen Lage auf der deutsch-niederländischen Grenze besonders, eine Vorreiterrolle in der Zukunftstechnologie Wasserstoff in Europa einzunehmen. Um die Erreichbarkeit zu verbessern und damit die Attraktivität des Standortes *Avantis* zu erhöhen, sollen nachhaltige Alternativen im Bereich der Mobilität entstehen: Vorgeschlagen werden eine Car- und Bikesharing-Station mit Lademöglichkeiten sowie eine enge funktionale und räumliche Verknüpfung mit dem Wasserstoff-Reallabor, das in die Mobilitätsstation eingebunden wird.

Das Sun-E-Bike-Netzwerk verfolgt das Ziel, Nutzern (Mitarbeitern) auf *Avantis* die Möglichkeit zu bieten, trocken und komfortabel von und zur Arbeit zu kommen. Vorgeschlagen wird eine Lösung, die den aktuellen Nachhaltigkeitsanforderungen gerecht wird und modernste Hightech-Lösungen einsetzt: Ein grenzüberschreitender überdachter Fahrradweg soll für Nutzer aus beiden Ländern eine unkomplizierte Erreichbarkeit des Standorts gewährleisten. Solarpaneele als Überdachung stellen einen Wetterschutz des Radweges dar und sorgen für die Beleuchtung des Radwegs in den Abendstunden. Überschüssiger Strom wird in die Mobilitätsstation sowie in das Stromnetz eingespeist.

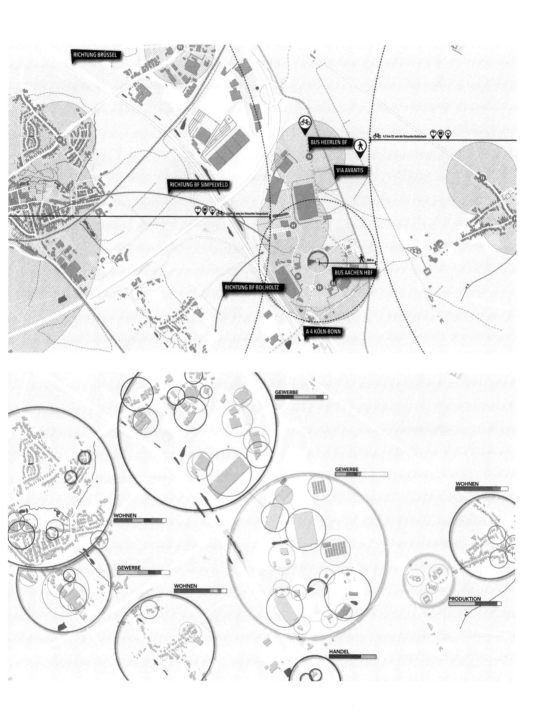

257

↖ Moodboard der Innovationen
im Reallabor

07.08

Unterlohn
Konstanz

Auftraggeber
Stadt Konstanz

Die prosperierende Stadt Konstanz benötigt auch künftig attraktive und zukunftsfähige Gewerbeflächen. Dabei geraten auch bisher weniger beachtete Bereiche wie das Gewerbegebiet Unterlohn in den Blick. Unterlohn bildet den Typus eines klassischen Gewerbegebietes mit heterogener Nutzungsstruktur und vielfältigen Gestaltdefiziten bei einer geringen baulichen Dichte. Gerade für diesen Bereich ergeben sich große Potenziale für die Entwicklung als attraktiver Stadtraum für zukunftsfähige Arbeits- und Wohnmodelle.

Der derzeitige Zustand des Quartiers stellt eine komplexe Gemengelage aus Gewerbe- und kleinteiligen Wohnstrukturen unterschiedlicher Maßstäblichkeiten und ohne städtebauliche Sortierung dar. Er bildet das über Jahrzehnte stückweise erfolgte Wachstum des Gebietes ab. Daraus ergibt sich das Erfordernis und zugleich die Chance, das Gebiet hinsichtlich der Art und des Maßes der baulichen Nutzung neu zu ordnen.

Das Ziel des Konzeptes ist die Sicherung und Stärkung des Standortes für gewerbliche Nutzungen, sodass weitere Entwicklungsmöglichkeiten für gewerbliche Betriebe geschaffen werden.

Mit dem Strukturkonzept wird das Gebiet einer neuen räumlichen Gliederung und Nutzungszonierung zugeführt. Weitere Ziele stellen die Nutzungsintensivierung und die Bewältigung von Nutzungskonflikten dar. Zu berücksichtigen sind bestandsgeschützte Wohn- und Gewerbenutzungen, der Störgrad der bestehenden Betriebe und die gegenseitige Verträglichkeit.

Die bestehenden Wohnnutzungen im Gebiet werden gesichert und in Form eines urbanen Gebietes mit verdichteten Wohn- und Arbeitsstrukturen und -typologien weiterentwickelt. Daneben werden Zonen ausgewiesen, die der rein gewerblichen Nutzung vorbehalten sind. In den gewerblichen Bereichen können sich auch störende gewerbliche Nutzungen entwickeln. Zudem zielt das Strukturkonzept auf eine Erhöhung der städtebaulichen Qualität bei gesteigerter Flächeneffizienz ab.

↘ *Lokalisierung des Plangebietes im städtischen Kontext*

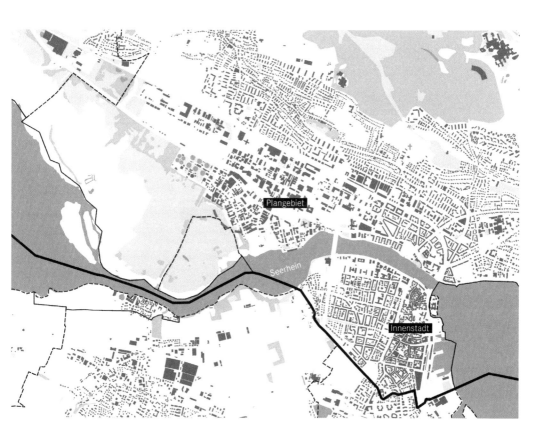

261

↘ *Isometrien zur Verteilung
von Nutzungen*

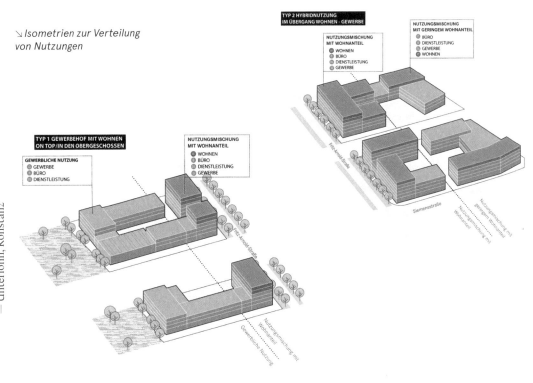

**TYP 2 HYBRIDNUTZUNG
IM ÜBERGANG WOHNEN - GEWERBE**

**NUTZUNGSMISCHUNG
MIT WOHNANTEIL**
- WOHNEN
- BÜRO
- DIENSTLEISTUNG
- GEWERBE

**NUTZUNGSMISCHUNG
MIT GERINGEM WOHNANTEIL**
- BÜRO
- DIENSTLEISTUNG
- GEWERBE
- WOHNEN

**TYP 1 GEWERBEHOF MIT WOHNEN
ON TOP/IN DEN OBERGESCHOSSEN**

GEWERBLICHE NUTZUNG
- GEWERBE
- BÜRO
- DIENSTLEISTUNG

**NUTZUNGSMISCHUNG
MIT WOHNANTEIL**
- WOHNEN
- BÜRO
- DIENSTLEISTUNG
- GEWERBE

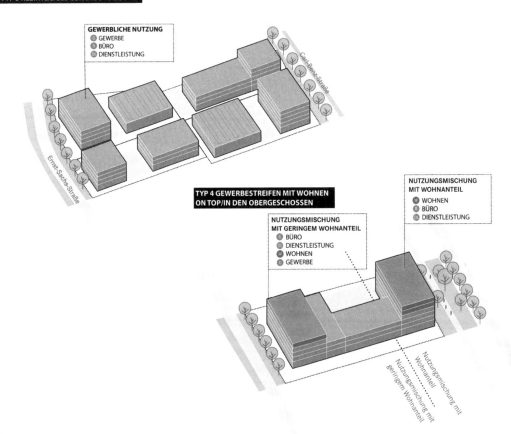

TYP 3 KLEINTEILIGES GEWERBE +DL/BÜRO

GEWERBLICHE NUTZUNG
- GEWERBE
- BÜRO
- DIENSTLEISTUNG

**NUTZUNGSMISCHUNG
MIT WOHNANTEIL**
- WOHNEN
- BÜRO
- DIENSTLEISTUNG

**TYP 4 GEWERBESTREIFEN MIT WOHNEN
ON TOP/IN DEN OBERGESCHOSSEN**

**NUTZUNGSMISCHUNG
MIT GERINGEM WOHNANTEIL**
- BÜRO
- DIENSTLEISTUNG
- WOHNEN
- GEWERBE

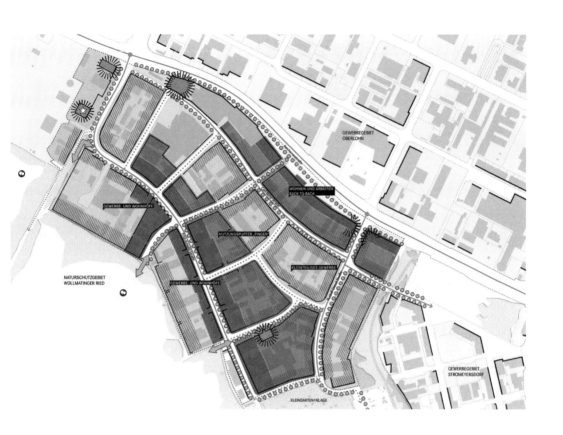

GEWERBEGEBIET
OBERLOHN

WOHNEN UND ARBEITEN
BACK-TO-BACK

GEWERBE- UND WOHNHÖFE

NUTZUNGSPUFFER _FINGER

KLEINTEILIGES GEWERBE

GEWERBE- UND WOHNHÖFE

NATURSCHUTZGEBIET
WÖLLMATINGER RIED

GEWERBEGEBIET
STROMEYERSDORF

KLEINGARTENANLAGE

↖ *Strukturkonzept des Quartiers*

263

Omega-Areal
Solingen

Auftraggeber
Stadt Solingen

Die traditionelle Klingenstadt Solingen hat eine große Industrie-Tradition mit lokalen Wertschöpfungsketten im produzierenden Gewerbe, insbesondere in der Metallverarbeitung. Die gewerbliche Entwicklung nahm ihren Anfang in historischen *Kotten* an Wasserläufen und besteht noch immer im Know-how der kleinen und mittleren Unternehmen der Region.

Das Ziel des Konzeptes ist es, Innovation und Produktion in eine neue Zukunft zu führen. Das *Omega-Areal* wird zu einem leuchtenden Ort der kreativen, wissensintensiven Produktion und bildet einen lebendigen Raum der Begegnung für die regionale Wirtschaft und für die Stadt.

Das Areal wird im Bestand vor allem durch seine lineare Hallenstruktur geprägt, die durch eine Abfolge von Plätzen gegliedert ist. Das Konzept sieht eine Öffnung und ein Gegenüber von Alt und Neu vor. Auf der einen Seite werden die historischen Hallen erhalten und mit neuen Nutzungen belebt. Die bestehende Hallenstruktur wird zu einem eigenständigen, zusammenhängenden Ensemble kleinteilig parzellierter und neu erschlossener Gewerberäume, die den Neubau ergänzen: unterschiedliche Werkstätten, Ateliers und Produktionsräume. Auf der anderen Seite entstehen neue Blockstrukturen mit zeitgemäßen Wohn- und Büroräumlichkeiten. Diese Mischung aus kleinteiligen Produktionsstrukturen in der historischen Substanz und neuen Wohn- und Arbeitswelten im Neubau bilden den Charme des Quartiers. Diese beiden Sphären verbindet eine Abfolge von lebendigen öffentlichen Räumen.

264

INNENSTADT

SÜDPARK

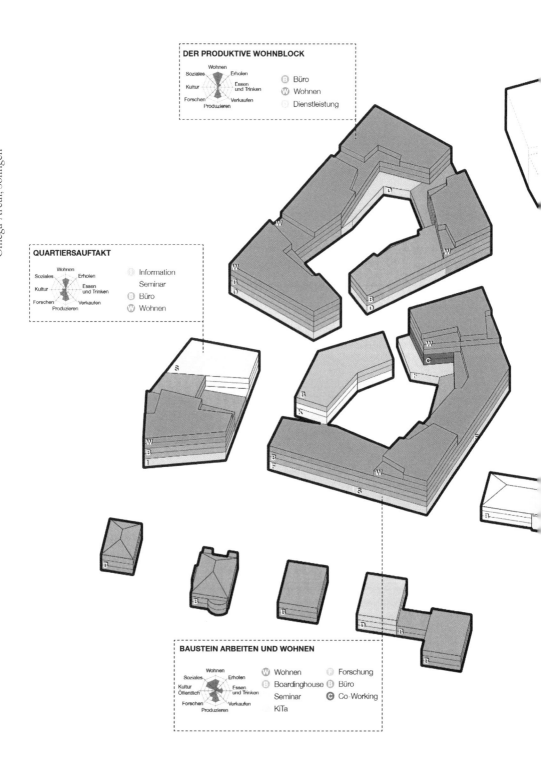

DER PRODUKTIVE WOHNBLOCK

- B Büro
- W Wohnen
- Dienstleistung

QUARTIERSAUFTAKT

- Information
- Seminar
- B Büro
- W Wohnen

BAUSTEIN ARBEITEN UND WOHNEN

- W Wohnen
- B Boardinghouse
- Seminar
- KiTa
- F Forschung
- B Büro
- C Co-Working

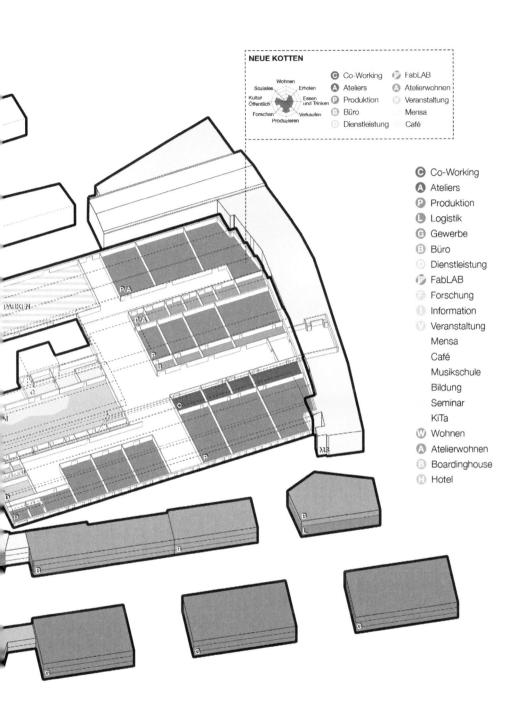

↖ Axonometrie der Nutzungen im Omega-Areal

267

↖ *Lageplan*

Angrenzend an einen neuen Solitär bilden zwei polymorph geformte Blöcke eine flexible Grundlage für unterschiedlichste Nutzungsanforderungen eines lebendigen Quartiers. Die Hauptfußgängerachse verläuft von Süden, aus dem Südpark kommend und neben der VHS, über eine Abfolge von Plätzen nach Norden in Richtung Innenstadt. Erschließungsachsen von Nord nach Süd durchqueren alle Hallen und schaffen vielfältige Anknüpfungspunkte ins Quartier und an die Flurstraße. Südlich der Straße Birkenweiher erfolgt eine Arrondierung der angrenzenden Gewerbe- und Dienstleistungsstrukturen.

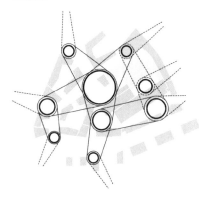

↘ *Prinzip Verzahnung öffentlicher Räume*

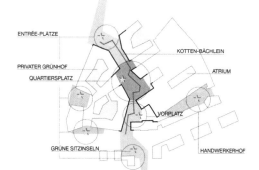

↘ *Prinzip Freiraumpriorisierung*

↘ *Fußgängerperspektive Omega-Areal*

Viele Städte müssen derzeit mit den Folg
einer sehr dynamischen Bevölkerungser
wicklung umgehen. Um den notwendig
Wohnraum und das benötigte Neubauvol
men bereitzustellen, reicht es nicht mehr au
kleinere Flächen im innerstädtischen Konte
zu verdichten oder zu entwickeln. Zuglei
befördert die Diskussion über den Klimawa
del und die Überhitzung in den Sommerm
naten den Erhalt wichtiger Freiflächen in d
Innenstädten. Vor diesem Hintergrund we
den in vielen Mittel- und insbesondere Gro
städten Flächen an den Rändern ausgew
sen, um hier neue Stadtquartiere im groß
Maßstab zu entwickeln. Diese Erweiterung
erfordern städtebauliche Konzepte, die Ide
tität stiften, Nutzungen intelligent misch
und für die angrenzende Nachbarschaft ein
Mehrwert schaffen.

Stadt weiterbauen und neu erfinden

Buckower Felder Berlin

08.01

Auftraggeber
WoBeGe,
Wohnbauten und
Beteiligungsgesellschaft
mbH

Team
Förder
Landschaftsarchitekten

Die Stadterweiterung *Buckower Felder* im Süden Berlins verzahnt Stadt und Landschaft über attraktive Freiräume und die Entwicklung eines Quartiers mit grünem Charakter. Im Norden und Osten knüpft das Quartier an die bestehenden Strukturen an, während es sich nach Süden und Westen mit der Landschaft verwebt. Die Ziele der Entwicklung sind die Gliederung des Quartiers in Bereiche mit spezifischer Identität und Atmosphäre, die Förderung des sozialen Lebens durch ein starkes Gerüst öffentlicher Räume, Gemeinschaftsräume und Bildungsangebote und die Schaffung eines attraktiven, wirtschaftlichen und abwechslungsreichen Wohnraumangebots für unterschiedliche Nutzergruppen.

Insgesamt 1.000 Wohneinheiten bilden zusammen mit einem Bildungscampus und Versorgungsmöglichkeiten das neue Quartier. Der Standort für die Kita wird zusammen mit der benachbarten Schule und attraktiven Jugendspielangeboten zu einer Bildungslandschaft verbunden. Darüber hinaus entstehen vielfältige Orte der Gemeinschaft und Identifikation. Im Erdgeschoss der Quartiersgarage gibt es Werkstätten für Jugendliche, Mietgaragen und Fahrradboxen. Gemeinschaftsräume mit unterschiedlichen Funktionen für gemeinsame Aktivitäten bieten flexible Nutzungsmöglichkeiten: zum Beispiel Versammlung, Werkstatt, Kochen und Fitness. *Hot-Spots!* mit Gemeinschaftsräumen und kleinen Ankerplätzen dienen als Orte der Begegnung. Identifikationsmöglichkeiten enstehen zudem durch Gemeinschaftsflächen und Mietergärten in den Innenhöfen.

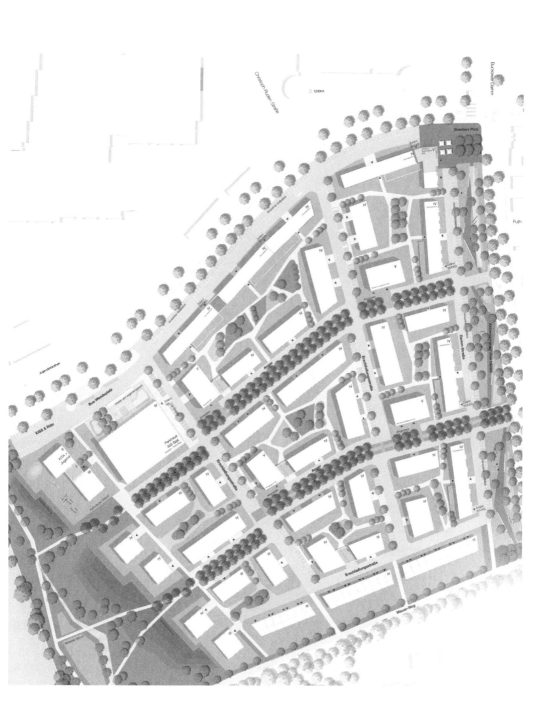

↖ *Lageplan Buckower Felder*

Weitere Kommunikationsräume für die neuen Bewohner und die alteingesessenen Anwohner sind der Quartiersplatz, das Quartierszentrum und das Quartierscafé. Sie schaffen soziale Nähe für alle Bevölkerungsgruppen. Das Quartierszentrum bietet zudem eine zentrale Anlaufstelle zur Koordination und Integration aller Bewohner.

Im Quartier spielt der Freiraum eine bedeutende Rolle, insbesondere seine ökologischen und klimatischen Funktionen. Die Grünflächen schaffen ein verbessertes Mikroklima und attraktive multifunktional nutzbare Retentionsflächen.

↘ *Detailplan Hof Angerplatz*

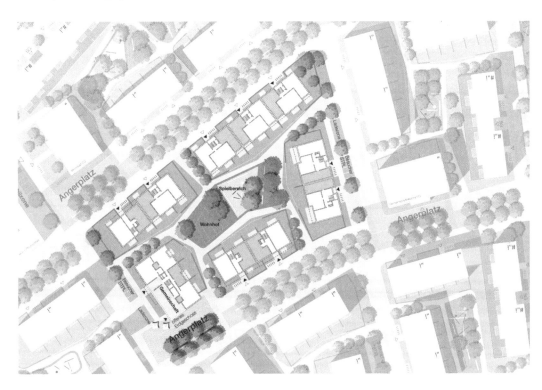

Kieler Süden

08.02

Auftraggeber
LEG Kiel GmbH,
Team Projektbau GmbH,
BPD Immobilienentwicklung

Team
Förder
Landschaftsarchitekten

Die landschaftlich attraktive Lage im Kieler Süden ermöglicht die Entwicklung eines neuen hochwertigen Wohngebietes, das sich harmonisch in die Topografie und Landschaft einfügt. Das Grundprinzip des neuen Gebietes ist die Verbindung von Natur- und Kulturlandschaft. In diesem neuen *Stadtdorf* werden die Vorzüge von Stadt und Dorf verbunden: auf der einen Seite vielfältige Wohntypologien und -dichten und eine *Neue Mitte*, auf der anderen Seite kleinteilige Nachbarschaften und direkter Freiraumbezug.

Das Gegenüber von Natur- und Kulturlandschaft schafft ein kleinteiliges und grünes Gesamtbild. Das Entwurfsprinzip folgt einem klaren Motiv: eine dörfliche Morphologie, welche sich in die Landschaft einfügt und an den klassischen Dorfstrukturen der Region orientiert; ein dichterer Kern, der sich um einen zentralen Anger legt, und eine Dichte, die zu den Rändern hin abnimmt. Das *Stadtdorf* setzt sich aus mehreren Wohnquartieren zusammen, welche für sich einzelne kleine Nachbarschaftszentren ausbilden. Jedes Wohnquartier gruppiert sich um einen Quartiersplatz mit Kita. Über den Freiraum und starke Wegeverbindungen wird es mit den weiteren Ortsteilen verbunden. Die Lanschaft wird bis in das Zentrum der Siedlung hineingezogen und zum Teil des neuen Angers. Dabei nimmt diese Freiraumzunge die sanft geschwungene Topografie auf und ermöglicht auch die Entwässerung des Gebietes.

↘ *Vogeflugperspektive Kieler Süden*

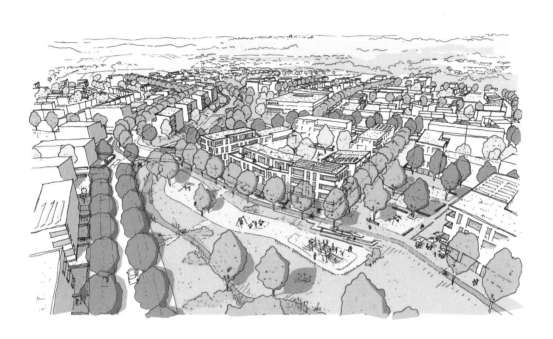

↘ *Räumliches Leitbild Kieler Süden*

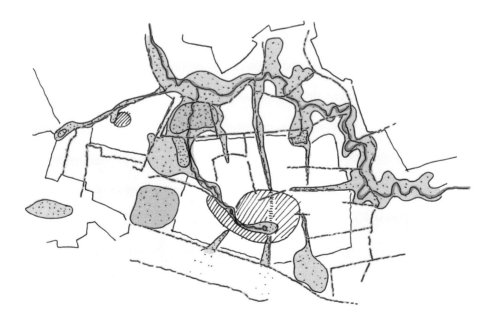

↘ *Detailausschnitt Quartiersgarage und Quartiersplatz*

Die Wohngebiete werden mit der Landschaft verzahnt. Es entstehen vielfältige Kontaktpunkte, Sichtbeziehungen und Übergänge aus den Wohngebieten und Wohnhöfen in die Landschaft. Gliedernde Elemente sind hierbei die Knicks, regional typische Heckenstrukturen, die die Quartiere und Erschließungen strukturieren und mit der umliegenden Landschaft verbinden.

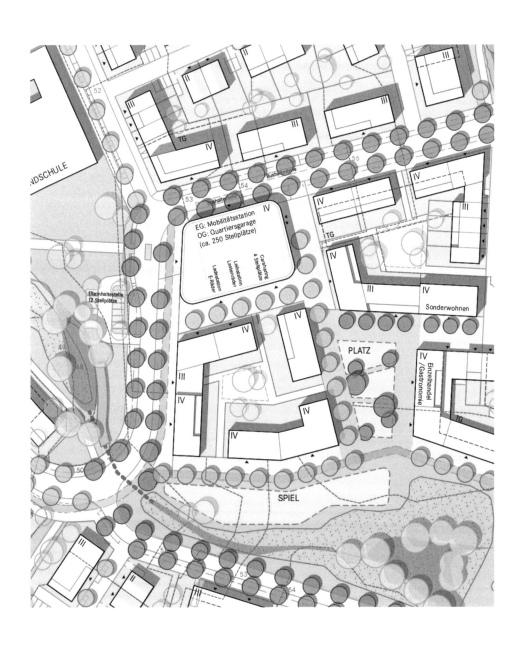

Der neue Stadtteil dient überwiegend als Wohnquartier. Hier ist eine heterogene Mischung unterschiedlicher Typologien von Einzel- über Doppel- und Reihenhäuser bis hin zu Geschosswohnungsbau mit Einfamilienhausqualität vorgesehen. Der Geschosswohnungsbau bietet zukunftsfähige, barrierefreie Wohntypologien, die unterschiedliche Wohnformen ermöglichen: Single-Haushalte, Starter-Familien vor dem Umzug in das eigene Heim, Senioren, gemeinschaftliche und generationenübergreifende Wohngruppen und Wohngemeinschaften. Baugruppen, preisgedämpfter und geförderter Wohnraum sorgen für eine soziale Mischung und Gemeinschaft.

Im Ortszentrum konzentrieren sich die sozialen und Versorgungsfunktionen des *Kieler Südens*. Das Dorfgemeinschaftshaus bildet das Scharnier zwischen gebautem Zentrum und Freiraum. Um das Dorfgemeinschaftshaus und insbesondere um den zentralen Angerplatz gruppieren sich weitere Nutzungen wie Cafés und kleinteiliger Einzelhandel, Versorgungseinrichtungen sowie Dienstleistungen und Ärzte, die primär der Versorgung des neuen Stadtteils dienen, darüber hinaus aber auch Anziehungskraft auf die bestehenden Stadtteile ausüben. Das Zentrum entwickelt sich entlang einer Freiraumzunge nach Westen. An dieser Freiraumzunge sind die Schule und Sporthalle angelagert. Nach Nordwesten hin schließen sich weitere Sportflächen an, die die bestehenden Sportflächen ergänzen.

Neben der Grundschule sieht das Konzept Kindertagesstätten vor, die sich im Zentrum der einzelnen Teilquartiere an den Quartiersplätzen befinden, direkten Zugang zu den Grünfugen und damit dem Landschaftsraum aufweisen und der Versorgung der Wohnquartiere dienen.

Nördlich Hafner
Konstanz

Auftraggeber
Stadt Konstanz

Team
GREENBOX
Landschaftsarchitekten

Aufgrund der natürlichen Einschränkungen durch Bodensee und Topografie verfügt die Stadt Konstanz nur über wenige Entwicklungsflächen im Bestand. Am westlichen Stadtrand ist die Entwicklung eines neuen Stadtteils, angebunden an historische Siedlungsstrukturen, geplant. Die landschaftlich attraktive Lage nördlich des Hügels Hafner, eingebettet in die natürliche Hügellandschaft des Bodanrücks, bietet einen hochwertigen Standort für den neuen Stadtteil.

Das Grundprinzip der Entwicklung ist der Ring um den Hafner, der den neuen Stadtteil im Osten und Westen an die bestehende Siedlung Wollmatingen anschließt. Im Zentrum zwischen Wollmatingen und dem neuen Stadtteil entsteht ein Bürgerpark auf dem Hafner als zentraler Freiraum mit verknüpfender Funktion.

Der Ring um den Hafner bildet das Grundgerüst, an dem die verschiedenen Teilquartiere des neuen Stadtteils angegliedert sind. *Grüne Finger*, die zum Hafner führen, gliedern den Stadtteil und vernetzen ihn mit der Landschaft. Dadurch entstehen übersichtliche Teilquartiere mit kleinen Quartiersplätzen und grünen Freiräumen.

Der neue Stadtteil muss durch eine konsequente Nutzungsmischung dem Anspruch an eine zukunftsfähige Stadtentwicklung gerecht werden. Kleinteilige Nutzungsmischungen sind in allen Bereichen vorgesehen. Darüber hinaus gibt es Nutzungsbereiche mit besonderen Schwerpunkten.

↘ *Großräumige Einordnung des*
Quartiers Nördlich Hafner

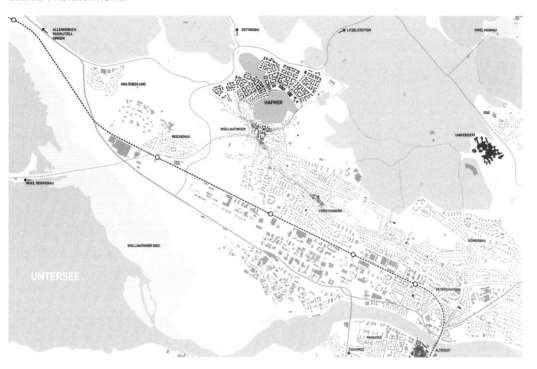

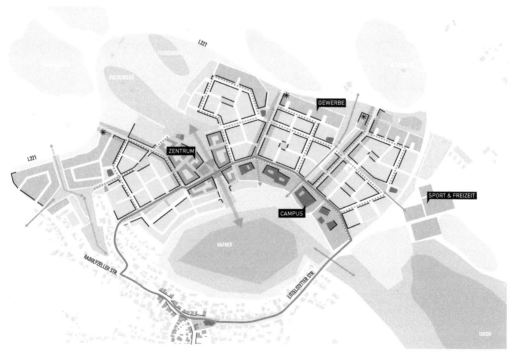

↖ *Strukturkonzept*
Nördlich Hafner

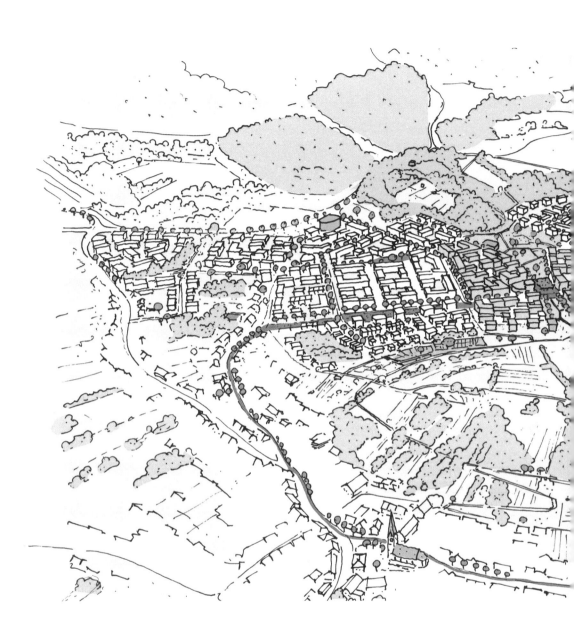

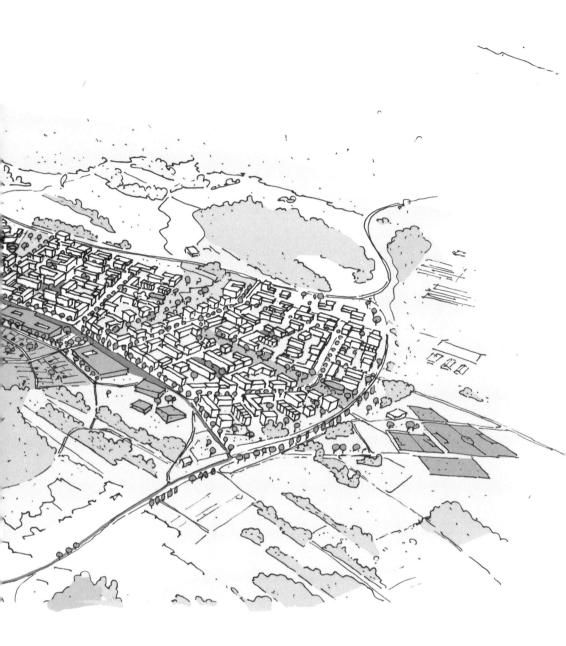

↖ Quartier Nördlich Hafner

287

Das neue Stadtteilzentrum legt sich um die zentrale Grünachse, welche den Hafner mit der Landschaft im Norden verknüpft, und bildet die Schnittstelle zwischen zentraler Grünachse und dem Ring. Im Zentrum werden die öffentlichen und zentralen Funktionen des neuen Stadtteils konzentriert. Neben dem Quartierstreff mit der Stadtbücherei bilden aktive Erdgeschosszonen mit Handel, Gastronomie, sozialer und medizinischer Infrastruktur einen bunten Nutzungsmix. Diese Erdgeschosszonen bespielen den öffentlichen Raum.

Im Inneren des Rings erstreckt sich der Bildungscampus zwischen Zentrum und den Sport- und Freizeitflächen im Osten. Ausgehend vom Zentrum werden Grundschule, Gymnasium, Förder- und Waldorfschule angeordnet. Der Bildungscampus wird mit unterschiedlichen Spiel- und Sportbereichen am Hafner und in Richtung Westen verwoben. Die weitere soziale Infrastruktur wird dezentral organisiert. In jedem Teilquartier gibt es eine Kita. Die fünf Kitas verteilen sich entlang der *Veloroute* in den zentralen Bereichen der Quartiere.

Die Arbeitswelt wird sich durch die Digitalisierung und gesellschaftliche Transformation rasant verändern. Neben den klassischen emittierenden Gewerbebereichen werden kleinteilige Mischungen, dezentrale emissionsarme Produktion und wissensintensive Dienstleistungen eine differenzierte Arbeitswelt bilden. Für all diese Arbeitswelten bietet die Entwicklung des Gebietes Raum. Im Norden und Westen werden die überwiegend gewerblich geprägten Bereiche angesiedelt. Hier entstehen klassische Gewerbegrundstücke im Übergang zu Wohnungsbauten, Gewerbe- und Handwerkerhöfen. Im Nordosten können emittierende Gewerbebetriebe als Solitäre im Grün untergebracht werden.

288

Entlang der Hauptzufahrten in das Gebiet –
den Magistralen – entstehen attraktive Gewerbe-
adressen. Diese Mischnutzungsbereiche ermöglichen Büro- und Dienstleistung sowie aktive
Erdgeschosszonen. Hier sind verschiedene
Körnungen möglich, von größeren, mehrgeschos-
sigen Nutzern bis hin zu einer kleinteiligen Mischung unterschiedlichster Nutzer.

↘ *Freiraumkonzept Nördlich Hafner*

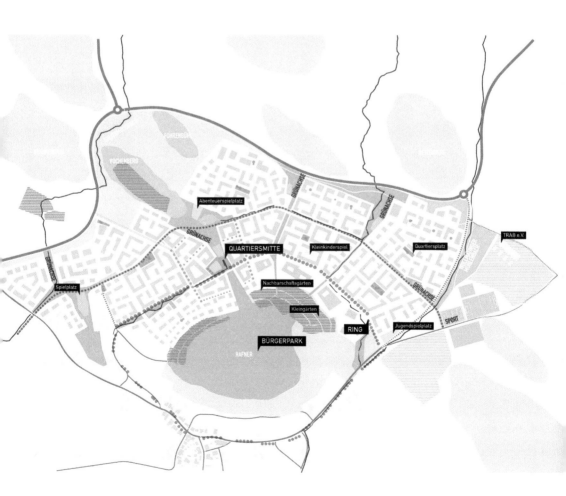

Viererfeld/Mittelfeld Bern

08.04

Auftraggeber
Stadt Bern

Team
Gmür & Geschwentner
Architekten,
move mobility, Nipkow
Landschaftsarchitekten,
Prof. Christine Hannemann

Das Planungsgebiet *Viererfeld/Mittelfeld* befindet sich in äußerst attraktiver, zentrumsnaher Lage, lediglich zwei Kilometer vom Hauptbahnhof und der Berner Altstadt entfernt. Das erhöhte Plateau über dem Aarehang mit Panoramablick und Naturbezug steigert die Attraktivität dieses Gebiets zusätzlich. Darüber hinaus bestehen hier die optimalen Voraussetzungen für eine gute Anbindung an den Fuß- und Radverkehr, an das öffentliche Verkehrsnetz sowie den motorisierten Individualverkehr.

Das Konzept verbindet, verknüpft und vernetzt das Gebiet mit den benachbarten Quartieren Länggasse und Engehalde sowie mit den umgebenden Naturräumen. Mit einer prägnanten, aber differenzierten städtebaulichen Struktur wird die heute bestehende Lücke zwischen den beiden benachbarten Siedlungen geschlossen. Mit dem neuen Stadtpark und dem großen Anteil an Familiengärten entsteht ein neuer, vielfältig nutzbarer Freiraum, der die Attraktivität des neuen Stadtquartiers erhöht und gleichzeitig einen Mehrwert für die gesamte Stadt Bern bringt.

Zwischen dem Stadtteilpark im Westen und der Hangkante im Osten spannt sich im *Viererfeld* eine städtebauliche Struktur auf, die mit zwei unterschiedlichen Bebauungsmustern jeweils auf die örtlichen Gegebenheiten reagiert und diese aufwertet: Mit den *dicken Typen* und den *u-förmigen Typen* wird eine prägnante Bebauung vorgeschlagen, die einerseits über ein zentrales, öffentliches Rückgrat vernetzt wird und andererseits die notwendige Flexibilität gewährleistet, um eine Quartiersentwicklung im Dialog mit den unterschiedlichen Akteuren zu ermöglichen

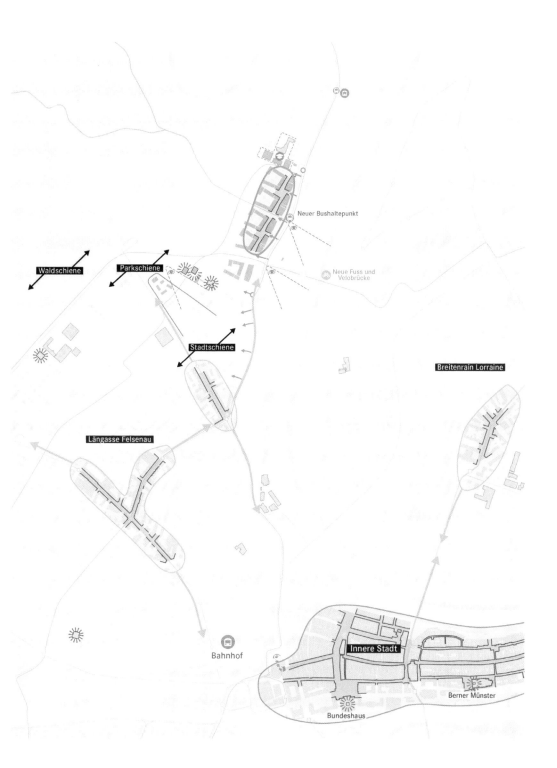

Waldschiene

Parkschiene

Stadtschiene

Längasse Felsenau

Neuer Bushaltepunkt

Neue Fuss und
Velobrücke

Breitenrain Lorraine

Bahnhof

Innere Stadt

Berner Münster

Bundeshaus

↖ Anbindung des Quartiers
Viererfeld/Mittelfeld im
städtischen Gefüge zentraler
Bereiche und Achsen

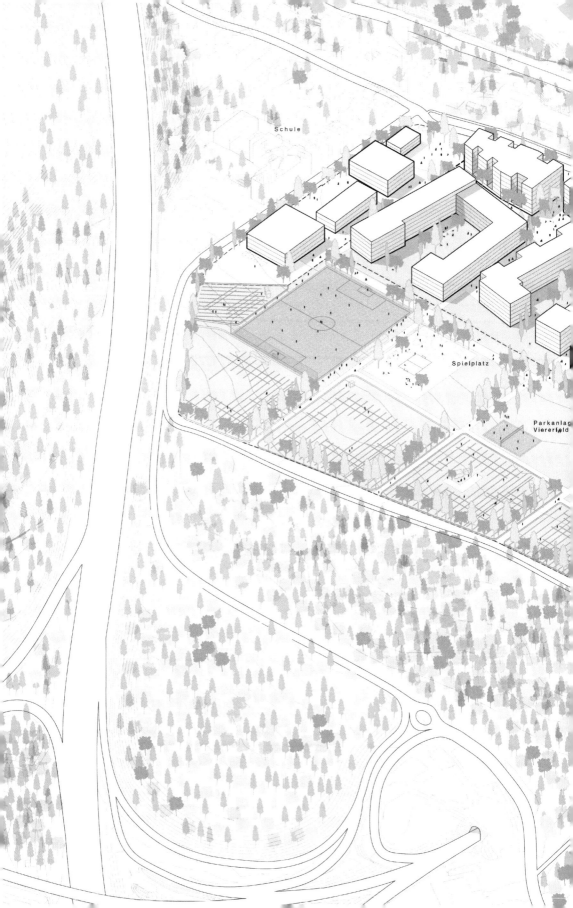

Schule

Spielplatz

Parkanlag
Viererfeld

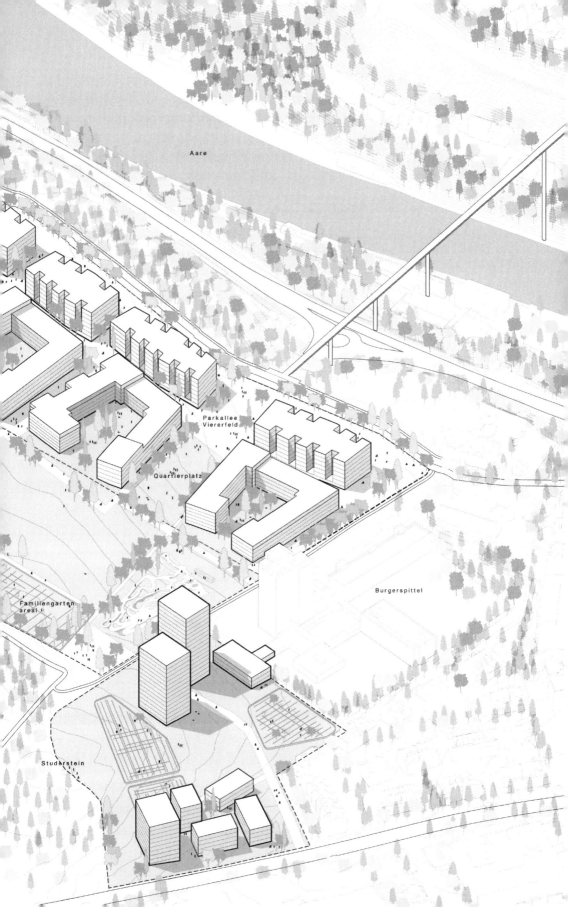

Aare

Parkallee
Viererfeld

Quartierplatz

Familiengarten
areal

Burgerspittel

Studerstein

Die *dicken Typen* formulieren im Zusammenspiel mit der Topografie eine räumliche Kante und profitieren vom Ausblick in die Alpen. In diesen kompakten Bautypologien sollen genossenschaftliche Ideen zum Zuge kommen, die ein gemeinschaftliches Zusammenleben inhaltlich und räumlich umsetzen.

Die offenen *u-förmigen Typen* zum Park formulieren eine klare Zuordnung von öffentlichen, privaten und gemeinschaftlichen Räumen. Die Raumkanten schaffen einen markanten Raumeindruck, der den Übergang zum Park räumlich inszeniert. Alle Wohnungen profitieren von der Offenheit zur Landschaft.

Dieser Bebauungsvorschlag schafft es, möglichst differenziert mit den vorhandenen Baustrukturen umzugehen und diese mit unterschiedlichen Bebauungsmustern weiterzuentwickeln. Damit die übergeordnete Idee erkennbar bleibt, folgen diese Bauvolumen der in der Analyse festgestellten städtebaulichen und architektonischen Haltung. Gleichzeitig lässt die städtebauliche Setzung eine zeitlich differenzierte Realisierung in Etappen zu.

↘ *Grundriss Wohnblock*
Viererfeld/Mittelfeld

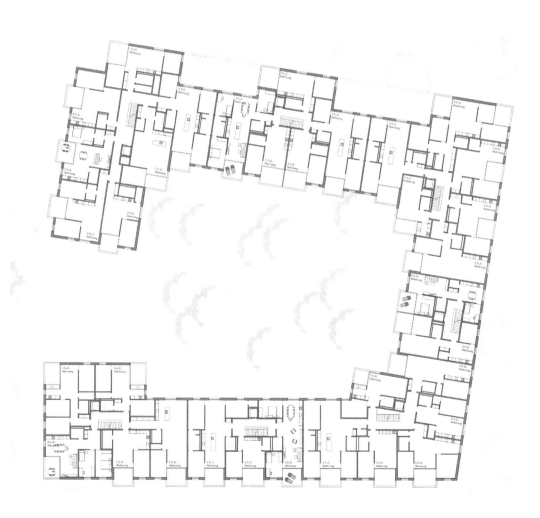

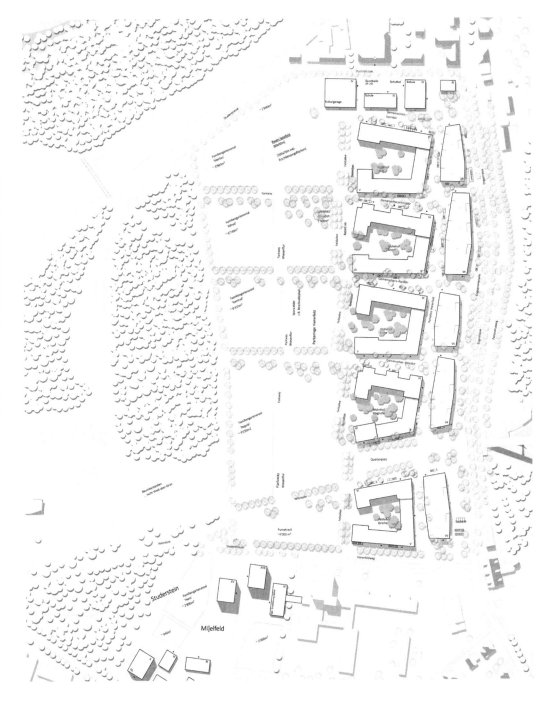

↖ *Städtebaulicher Lageplan*

↘ Piktogramme Freiräume
und Städtebau

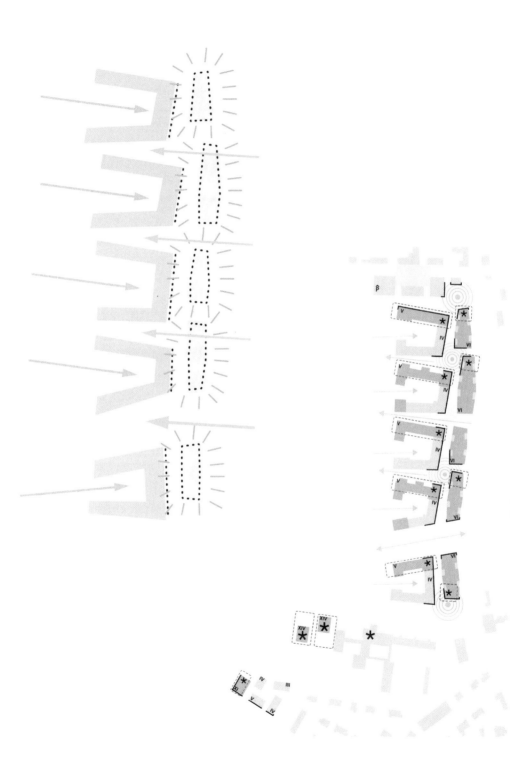

Auf den Eichen Wiesbaden

Auftraggeber
Stadtentwicklungs-
gesellschaft Wiesbaden

Das städtebauliche Konzept für das neue Quartier *Auf den Eichen* basiert auf der Idee der Entwicklung des Wohnquartiers als neuer Stadtbaustein der Siedlung Gräselberg, der Vernetzung des Quartiers mit der Umgebung über Grünräume und Wegeverbindungen, der Ausbildung eines starken Rückgrats am Quartiersrand zur Schallabschirmung sowie der Gestaltung eines Platzes als Quartiersmittelpunkt.

Das neue Quartier in Wiesbaden-Biebrich ergänzt die bestehenden Siedlungsbereiche und setzt neue Impulse. Am nordwestlichen Rand des Wohnquartiers wird ein Grünraum als grünes Band entwickelt, welches das Gebiet mit dem nahegelegenen Mosbachtal im Norden und den Sport- und Naherholungsflächen im Süden vernetzt. Über Fuß- und Radwege ist das Quartier an die bestehenden Bereiche der Siedlung Gräselberg angebunden. Das Areal erhält am nordwestlichen Rand einen durchgehenden viergeschossigen Gebäuderiegel, der ein starkes Rückgrat bildet und das übrige Quartier von dem von der Autobahn A 643 und von der Saarstraße ausgehenden Schall abschirmt. An zentraler Stelle im Gebiet entstehen eine Kita und ein Quartiersplatz als Mittelpunkt und Treffpunkt für die Bewohner.

↘ *Einordnung des Quartiers*
in den Siedlungsraum

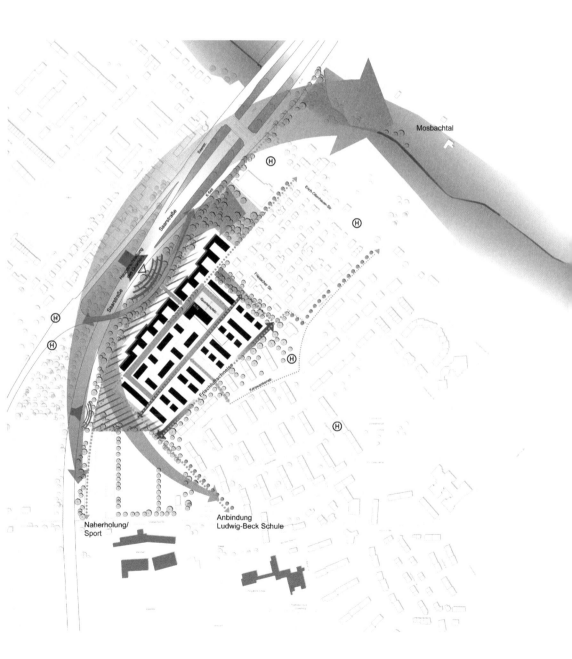

Mosbachtal

Naherholung/
Sport

Anbindung
Ludwig-Beck Schule

Polizei

Calvinstr.

Steckelburgstr.

A 643

K645

Saarstr.

Am Eichengraten

Spielplatz ca. 1.000 m²

Karawankenstr.

Schillstr.

Schillstr.

Schillstr.

licher Str.

enstr.

↖ *Städtebaulicher Lageplan*
Auf den Eichen

303

Die Quartiersmitte ist durch zweigeschossige Reihenhäuser mit Staffelgeschoss geprägt, die windmühlenförmig angeordnet sind. Fußwege durchqueren die Innenbereiche und schaffen kurze Wege. Die Häuser sind als Stadthäuser konzipiert.

Zum Quartiersplatz orientiert sich ein winkelförmiger dreigeschossiger Baukörper, in dessen Erdgeschoss die Kita untergebracht ist.

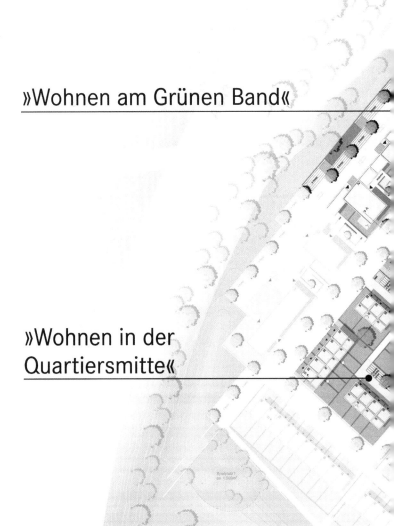

»Wohnen am Grünen Band«

»Wohnen in der Quartiersmitte«

Im südöstlichen Bereich des Wohnquartiers befinden sich zweigeschossige Doppel- und Reihenhäuser mit Staffelgeschoss, die in Nordost-Südwest-Richtung orientiert sind. Sie sind jeweils um private Stichstraßen gruppiert und bilden dadurch kleine Nachbarschaften.

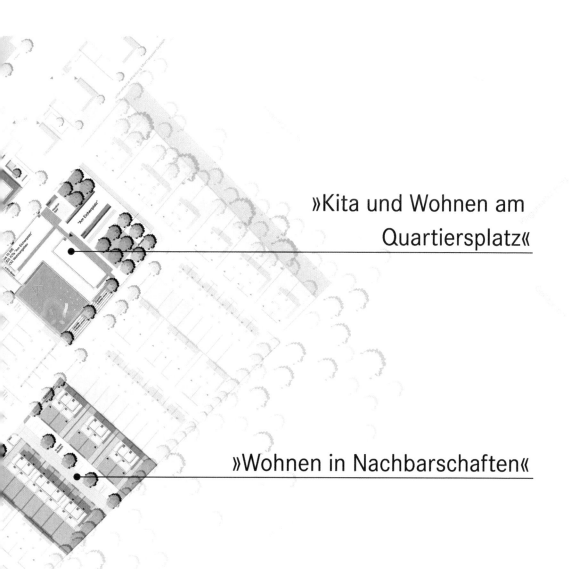

»Kita und Wohnen am Quartiersplatz«

»Wohnen in Nachbarschaften«

Auch wenn die Entwicklung von Städten sch
immer in Beziehung zur Region stand und u
gekehrt, so erfährt derzeit die Debatte u
einen *regionalen Städtebau* und eine regelrec
te *Regionalisierung der Stadtentwicklung* ei
neue Relevanz. In vielen Innenstädten feh
Wohnraum, während gleichzeitig das U
land Leerstände zu verzeichnen hat. Eine
wenig koordinierte Wohn- und Gewerbeer
wicklung fördert das weitere Wachstum d
Pendlerströme. Vor diesem Hintergrund si
interkommunale Kooperationen nahelieger
um die notwendige Balance zwischen unte
schiedlichen Entwicklungsdynamiken herz
stellen. Die Erkenntnis verlangt nach neu
Strategien, die interdisziplinär aufgestellt si
und die über verschiedene Zeithorizonte hi
weg perspektivische Raumbilder entwerfen

Neue Strategien zwischen Stadt und Region

Raumwerk D: Responsible City Düsseldorf

Auftraggeber
Stadt Düsseldorf

Team
LAND Germany
(Landschaftsarchitekten),
Mobility in Chain
(Verkehrsplaner),
Stadtbox – Agentur für
kooperative Stadt-
entwicklung, IAT Institut
Arbeit und Technik

Das *Raumwerk D* stellt das Grundgerüst zur räumlichen Entwicklung Düsseldorfs dar. Das Konzept der *Responsible City* definiert dazu die Verantwortlichkeiten der Landeshauptstadt für ihre stadträumliche Zukunft. Um die großen Herausforderungen der Zukunft anzugehen und dabei ihre charakteristische Identität (*D-Faktoren*) zu erhalten, muss die Stadt Düsseldorf in ihrer Rolle als Anker einer ganzen Region Verantwortung übernehmen. Das bedeutet, die Balance der Region zu fördern, indem auf Augenhöhe kooperiert wird, die Räume für Produktion zu erhalten und die Diversität der Bevölkerung und die Eigenarten der Quartiere als Chance zu begreifen. Gemeinsam mit ihren Nachbarn kann es der *Responsible City* Düsseldorf gelingen, optimistisch in die Zukunft zu blicken. Hierfür gilt es, regionale wie innerstädtische Freiräume weiterzuentwickeln, leistungsfähige Mobilitätsstrukturen zu schaffen und eine ausgewogene Siedlungsentwicklung zu konzipieren.

Die *D-Faktoren* sind die Besonderheiten und Charakteristika Düsseldorfs. Dies können bestimmte Räume oder Eigenschaften sein, die stark mit der Stadt verbunden sind und die eine hohe Strahlkraft besitzen. Der düsseldorfspezifische Charakter wird geschützt und weiterentwickelt. Die *D-Faktoren* sind auf der einen Seite enorme Stärken und Chancen für die Stadt, erzeugen auf der anderen Seite jedoch eine Reihe von Herausforderungen, denen sich die Stadtentwicklung in Zukunft zu stellen hat (Wohnungsdruck, Verkehrsbelastung, Versiegelung, Flächenkonkurrenzen, Spekulation, Aufheizung etc.).

Fluxräume bezeichnen die Orte der Transformation in Düsseldorf. Sie sind die maßgeblichen Transformationsräume der nächsten zehn bis dreißig Jahre und bieten ein besonders hohes Veränderungs- und Neuordnungs- beziehungsweise Verdichtungspotenzial. Es sind Orte, die in Bewegung sind oder bewegt werden sollen. Innerhalb der *Fluxräume* wird zwischen Transformations- und Verdichtungsräumen unterschieden. Transformationsräume bieten das Potenzial, bestehende Nutzungen durch weitere Nutzungen zu ergänzen und eine stärkere Mischung anzustreben, also beispielsweise in vorwiegend zu Wohnzwecken genutzten Quartieren verträgliche Formen der Produktion und des Handels zu integrieren, um eine urbane und nutzungsgemischte Stadtstruktur zu fördern. Verdichtungsräume bieten das Potenzial, die heutige Nutzung zu intensivieren, indem beispielsweise ein Wohnquartier baulich ergänzt und die Einwohnerdichte erhöht wird.

↘ *Raumwerk D: Raumfiguren Siedlung und Grün*

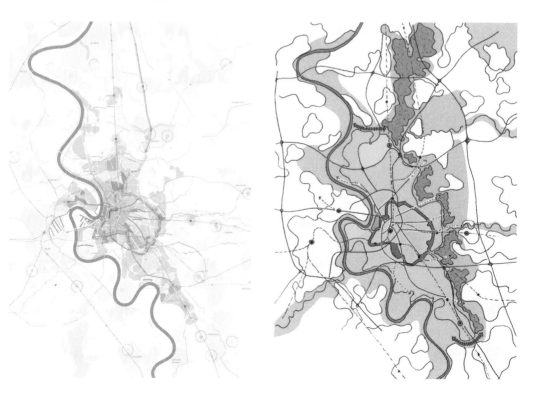

Als zentrales gesamtstädtisches Freiraum-element bietet die Düssel das Potenzial, als zweiter *Blaugrüner Ring* entwickelt und erlebbar gemacht zu werden. Während der *Blaugrüne Ring* um die Altstadt das traditionelle und bekannte Düsseldorf repräsentiert (Kö, Hofgarten, Altstadt), bietet der *Düsselring* die Möglichkeit, das neue, innovative, produktive und teilweise noch unbekannte Düsseldorf zu inszenieren. Der *Düsselring* soll als wichtige Freiraum- und Verkehrsverbindung entwickelt werden. Die Düssel vernetzt viele der wichtigsten Grün- und Freiräume sowie Quartiere der Stadt und ist an vielen Stellen bereits mit Fuß- und Radwegen erschlossen. Eine Verbindung dieser Abschnitte als durchgehende leistungsfähige Fahrradroute mit Freizeitwert würde den Radverkehr sowohl für Alltagswege als auch Freizeitwege deutlich stärken. In einem zweiten Schritt ist die abschnittsweise Ergänzung durch ein weiteres Verkehrssystem (zum Beispiel autonome Busse) denkbar. Neben dem *Düsselring* stellen die *Cool Streets* ein Konzept zur Attraktivierung von stark versiegelten und verkehrsbelasteten Straßenräumen dar. Über die *Cool Streets* soll eine Verbindung zwischen den Quartieren beziehungsweise der Innenstadt mit den Landschaftsräumen hergestellt werden.

Im Bereich der Mobilität sieht das Konzept vier große Pendlerhubs an den Toren der Stadt vor. Sie liegen an verkehrstechnisch günstigen Orten und bieten einen Anschluss an das Autobahnnetz, das regionale Radwegesystem und den ÖPNV mit einer schnellen Verbindung in die Innenstadt. Diese Pendlerhubs bauen auf bestehende P+R-Angebote auf und erweitern diese um eine Bike- und Carsharing-Infrastruktur, kommerzielle Angebote wie Supermärkte, Einzelhandel oder auch Fitnessstudios sowie attraktive Freizeitangebote, um den Umstieg

vom motorisierten Individualverkehr in den
ÖPNV zu attraktivieren und die Verkehrsbelastung in der Stadt zu reduzieren. Diese Hubs
richten sich insbesondere an Pendler, aber auch
an Freizeitbesucher. Kleinere Umstiegshubs
sind als zweite Kategorie des Hub-Systems in der
Innenstadt vorgesehen. Sie richten sich sowohl an Pendel- als auch an Freizeitverkehr innerhalb der Stadt und verfügen über Haltepunkte
für den motorisierten Individualverkehr, Bike-
Sharing und andere Mikromobilitäts-Angebote
sowie einfache Einzelhandelsangebote und einen
attraktiven öffentlichen Raum beziehungsweise
angrenzende Freiräume mit Freizeitangeboten.

↘ *Konzept Cool Streets*

↖ *Düsselring*

↖ *Konzept Wohnquartier*
Cruthovener Straße

↖ *Raumwerk D: Responsible City, Düsseldorf*

313

↖ *Raumwerk D: Responsible
City, Düsseldorf*

NEXT RUHR
Ruhrgebiet

09.02

Auftraggeber
Regionalverband Ruhr
(RVR)

Team
West 8, Mobility in Chain,
anOtherArchitect/Daniel
Dendra, ARCHI-MEDIA/
Masami Kobayashi,
Center for Urban Studies
Havanna/Jorge Peña Diaz,
Institut für Stadt- und
Regionalmanagement,
Kengo Kuma and asso-
ciates, Legenda e.V./Dirk
Haas, Osaka University/
Hisako Koura, stadtART,
Strategic Partners Group

Ziel des Ideenwettbewerbs *Zukunft Metro-pole Ruhr* ist die Entwicklung von komplexen, ganzheitlichen, fachübergreifenden, regiona-len Zukunftsideen, Perspektiven, Visionen und Lösungsvorschlägen, die beispielhaft für die Entwicklung der Metropole Ruhr 2030 sind.

Das Ruhrgebiet wird geprägt durch seine spezifische Urbanität. Auffälligste Merkmale der Region sind Polyzentralität und Polyperipherie und die – im Vergleich mit großen internationa-len Metropolen – geringe Dichte. Anliegen von *NEXT RUHR* ist es, diese besonderen Eigenschaf-ten als Fundament für das Denken und Planen der Zukunft der Region zu nutzen. Dies setzt vo-raus, dass die *ruhrbanen* Charakteristika erfasst werden und aussagekräftige Begriffe für die vor-handenen Räume gefunden werden, um in der Kombination von Bestehendem und entsprech-enden »Zutaten« neue Raumtypen zu kreieren.

Das Nebeneinander von Schrumpfen, Warten und Wachsen, von konstanten und varia-blen Räumen erfordert differenzierte Strate-gien, welche den Begabungen und Fähigkeiten der Teilräume gerecht werden.

Wir wollen keinen neuen großen Plan, son-dern eine Art von Veränderungsmanagement in Form eines regionalen Regiebuches. Einerseits sollen damit notwendige Veränderungen pro-voziert und gesteuert werden, andererseits sol-len Entwicklungen zugelassen, also Freiräume eröffnet werden: das Unerwartete erwarten!

Diese Strategien werden in Gang gesetzt durch vielfältige Formen des Aktivierens und Intensivierens (zeitliches Verdichten, Anreicherung vorhandener Quartiere mit neuen Nutzungen und Funktionen, Verbesserung der Erreichbarkeiten). Eine zentrale Handlungsebene ist dabei das Quartier, welches als kleinräumige Bezugseinheit eine wichtige Stellschraube zur Identifikation der Begabungen ebenso wie für die Gestaltung der Aktivierungsstrategien darstellt.

↘ Siedlungsstrukturelle Einordnung der Ruhrlandschaft

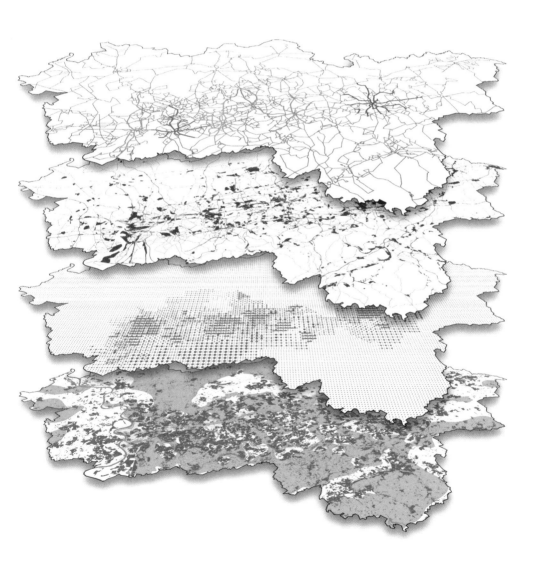

↘ *Prinzipien temporäre*
Verdichtung und Mobilität

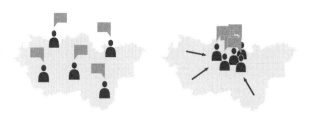

↘ *Perspektive NEXT RUHR*

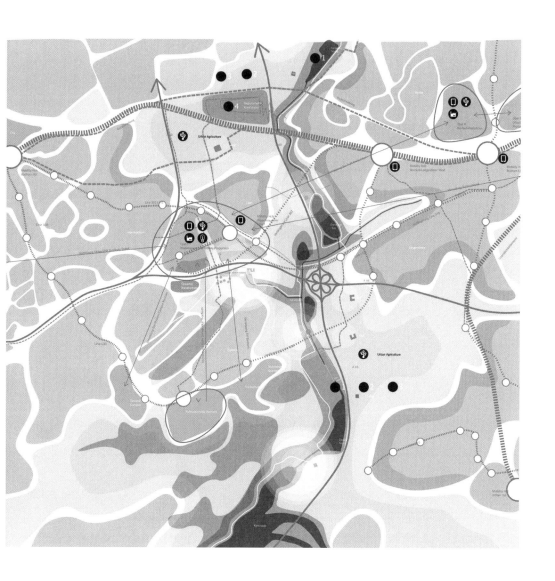

↖ NEXT RUHR, Raumstrategie Bochum

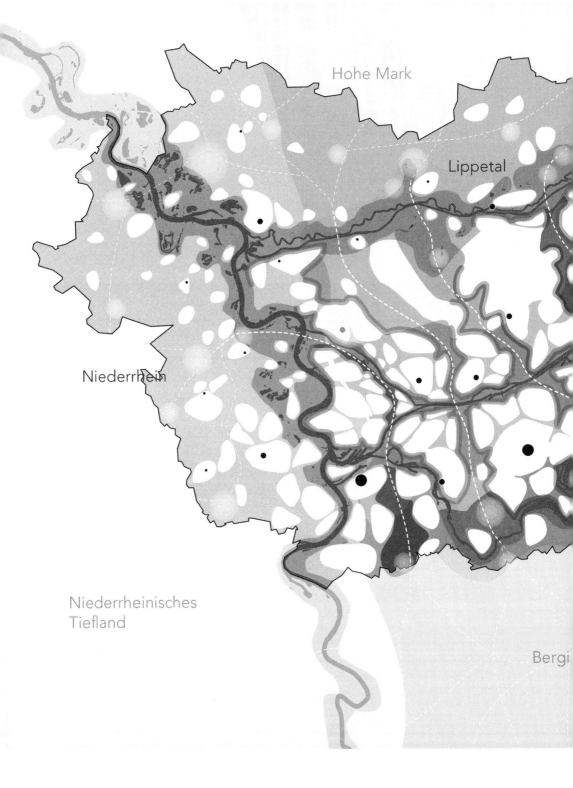

Hohe Mark

Lippetal

Niederrhein

Niederrheinisches
Tiefland

Bergi

Münsterland

Westfälische Bucht

...scher ...ndschaftspark

Ruhrtal

Sauerland

ca. 10 km

↖ *Ruhrlandschaft der Metropole Ruhr*

319

Agglomerationskonzept Köln/Bonn

Auftraggeber
Region Köln/Bonn e.V.

Team
IMORDE Projekt-
und Kulturberatung,
Burgdorff Stadt

Das *Agglomerationskonzept* der Region Köln/Bonn schafft ein gemeinsames Raumbild der Region bis 2040. Es entsteht aus einem dialogischen Prozess mit den Akteuren der Region und stellt damit das erste *Agglomerationskonzept* in Deutschland dar. Die Region Köln/Bonn sieht sich aktuell und in den nächsten Jahren vielfältigen Herausforderungen der räumlichen Entwicklung gegenüber. Lösungen zur Bewältigung der Entwicklungsaufgaben sind zunehmend in einem überlokalen, regionalen Maßstab und in Form integrierter Entwicklungskonzepte zu suchen.

Die aus demografischen Entwicklungen, einer Knappheit an Entwicklungsflächen, Mobilitätsproblemen, den Ansprüchen von Energiewende und Klimawandel sowie der Aufrechterhaltung von sozialer Infrastruktur und Daseinsversorgung hervorgehenden, auf engem Raum zusammenkommenden Nutzungsansprüche stehen in Wechselwirkung und zum Teil in Konkurrenz zueinander.

Über eine differenzierte Betrachtung der Entwicklungsaufgaben, Prägungen und Profile der regionalen Teilräume liefert das *Agglomerationskonzept* Hinweise und Ansatzpunkte für teilregionale, interkommunale Kooperationen und Projekte zur Raum- und Strukturentwicklung, die regionale Arbeitsteilung zwischen Standorten und Räumen unterstützen und eine ausbalancierte Entwicklung in der Region ermöglichen. Zudem werden aus dem *Agglomerationskonzept* regionale und interkommunale Schlüsselprojekte, zum Beispiel im Bereich Mobilität/Verkehrsinfrastrukturentwicklung, Flächen- oder Freiraumentwicklung, abgeleitet.

Leitbild der Region ist der gute Raumzustand, in dem die Entwicklungsfähigkeit der Region und die hohe Attraktivität des Wirtschaftsstandortes gesichert werden und eine hohe Lebensqualität besteht.

Die zukünftige Entwicklung der Region wird mit sechs Teilkonzepten skizziert: Siedlungsentwicklung, Wirtschaft, Freiraum, Umweltverbund, MIV/Wirtschaftsverkehr und Polyzentralität. In jedem dieser Themenfelder werden unterschiedliche Prinzipien und räumliche Strukturen aufgezeigt. In der Überlagerung der Teilkonzepte entsteht das Bild der Region – das *Agglomerationskonzept*.

↘ *Teilkonzept polyzentrische Raumentwicklung*

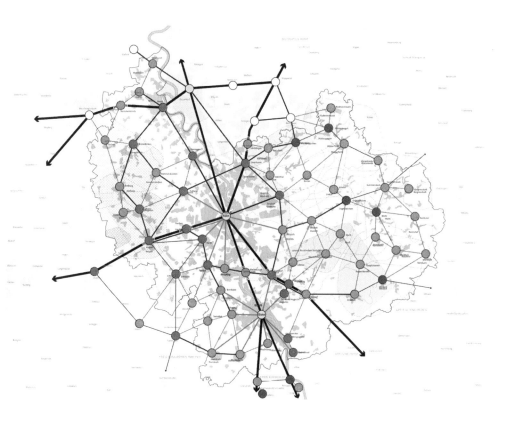

↘ *Teilkonzept Siedlung
und Vernetzung*

Aufbauend auf ein starkes Freiraumgerüst bildet die Siedlungs- und Mobilitätsstruktur den Ausgangspunkt einer nachhaltigen Raumentwicklung. Wohnen und Gewerbe werden entlang der zukünftigen leistungsfähigen Schienennahverkehrslinien entwickelt. Damit werden regionale Entwicklungsachsen definiert. Vielfältige Strategien umfassen die *dreifache Innenentwicklung* (bauliche Verdichtung, Qualifizierung von Freiraum und Mobilität) in der bestehenden Siedlungsstruktur sowie die Raumgemeinschaften als Verantwortungsgemeinschaften geteilter Infrastrukturen in den eher gering besiedelten Bereichen der Region.

Die Polyzentralität in Form einer Funktions- und Aufgabenteilung der Region und einer dezentralen Konzentration bildet in Verbindung mit einer regionalen Klimawandelvorsorgestrategie den Ausgangspunkt für eine nachhaltige Entwicklung der Region.

PRINZIPIEN DER TEILSTRATEGIE

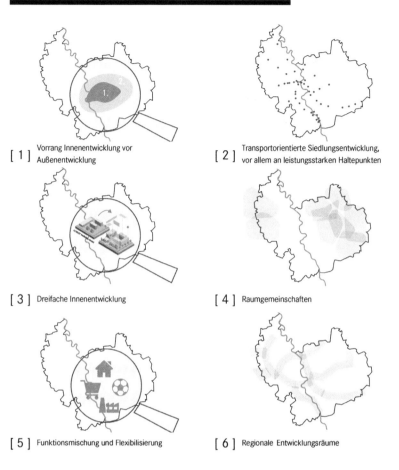

[1] Vorrang Innenentwicklung vor Außenentwicklung

[2] Transportorientierte Siedlungsentwicklung, vor allem an leistungsstarken Haltepunkten

[3] Dreifache Innenentwicklung

[4] Raumgemeinschaften

[5] Funktionsmischung und Flexibilisierung

[6] Regionale Entwicklungsräume

»Das Konzept ist das erste Agglomerationskonzept, das in Deutschland erstellt worden ist – also Blaupause und Vorbild für vergleichbare Metropolräume.«

↖ *Prinzipien*

Erlebnisraum Weserlandschaft Ostwestfalen-Lippe (OWL)

Auftraggeber
OWL GmbH

Team
Planergruppe Oberhausen

Die Nordrhein-Westfälische *REGIONALE 2022* findet unter dem Leitbild *»Wir gestalten das neue UrbanLand«* in der Region Ostwestfalen-Lippe (OWL) statt. Übergreifendes Ziel ist die Stärkung der Stadt-Land-Beziehungen in einer Region, die durch die Gegensätze zwischen stark urbanisierten Regionen und landschaftlich geprägten Bereichen charakterisiert ist. Während die Region in vielen Teilbereichen von wirtschaftlicher Dynamik und Bevölkerungszuzug gekennzeichnet ist, zeigt sich in den ländlicheren nördlichen und östlichen Teilräumen eine gegensätzliche Entwicklung ab.

Das charakteristische landschaftliche Merkmal der Kulturlandschaft OWL ist die Weser mit ihren Zuflüssen. Als historischer Handelsweg war die Weser prägend für die Entwicklung der umgebenden Landschaften. Heute stellt sie als Naturraum ein erhebliches freiräumliches und touristisches Potenzial dar. Mehr als alle administrativ abgegrenzten Städte, Kreise oder Regierungsbezirke bildet die Weser eine regionale Klammer als Landschaft mit einer gemeinsamen Identität. Die Weserlandschaft mit ihren Gewässeradern wird in Zukunft ein gemeinsamer Raum sein, in dem am Fluss und über den Fluss Impulse für das gute Leben entstehen.

Das Projekt *Erlebnisraum Weserlandschaft* stellt ein überörtliches und integriertes Rahmenkonzept im Zusammenhang mit dem Aktionsfeld des neuen Stadt-Land-Quartiers der *REGIONALE 2022* dar. Der Planungsraum erstreckt sich über die Kreise Minden-Lübbecke, Herford, Lippe und Höxter und grenzt an das Land Niedersachsen, das im Bereich des Weserberglandes mitbetrachtet wird.

↖ Leitbild Weserlandschaft

327

Die Weser, Namensgeber des *Erlebnis-raum Weserlandschaft*, wird gemeinsam mit ihren Nebenflüssen als impulsgebende Ader der Region erkannt und als wichtige Identifikation genutzt. An der Weser und ihren Zuflüssen im Betrachtungsraum wie der Werre, Else, Diemel, Nethe und Emmer werden Tourismus, Naherholung, Natur- und Klimaschutz, Wohnen, Wirtschaft, Mobilität und Naturschutz in Einklang gebracht. Die Wasseradern sind Natur(erlebnis)-raum und Erholungsort, aber auch Motor für Wachstum und Beschäftigung. Durch ihre Attraktivität eignen sie sich als Standorte für Gastronomie, Übernachtungen, Dienstleistungen und als weicher Standortfaktor für Arbeitsplätze.

Das Rahmenkonzept zeigt einen Weg für die nachhaltige Transformation der *Weserlandschaft* auf, der durch eine Vielzahl von Projekten auf der kommunalen Ebene umgesetzt wird.

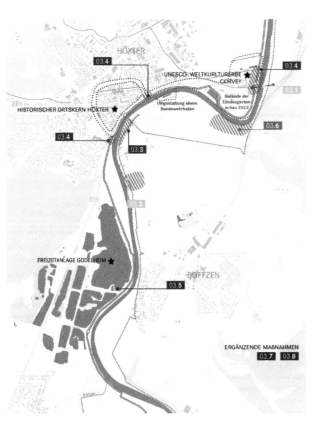

↖ *Maßnahmenplan Raum Höxter*

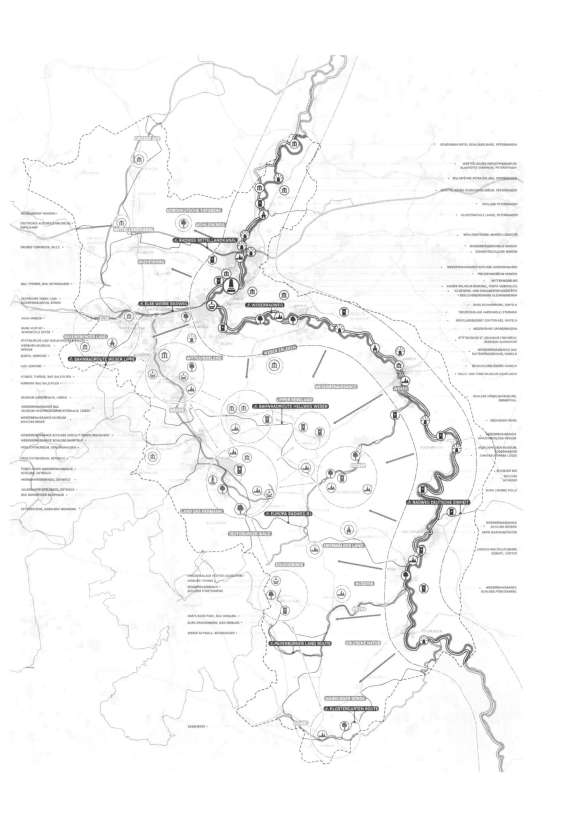

↖ *Strukturkonzept Identität*

329

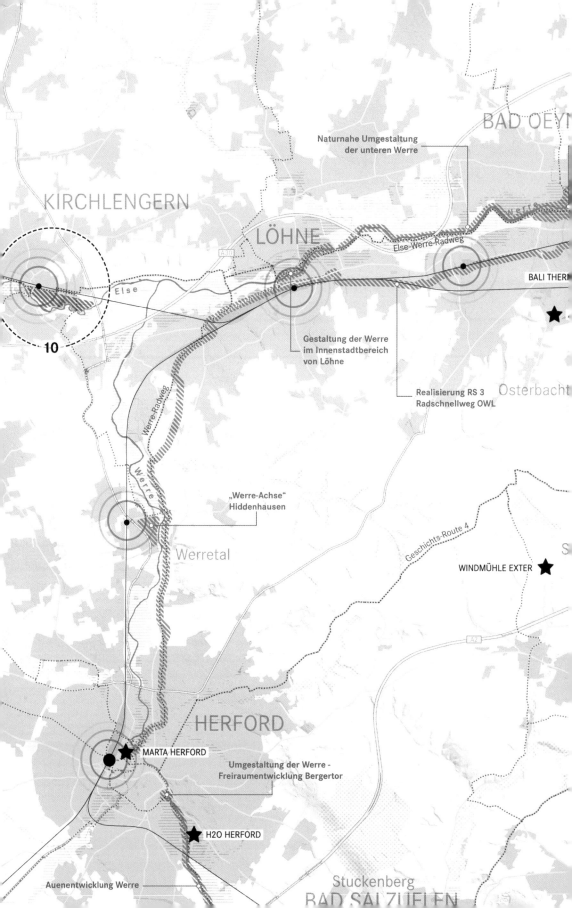

BAD OEYN

Naturnahe Umgestaltung
der unteren Werre

KIRCHLENGERN

LÖHNE

Else-Werre-Radweg

Else

BALI THER

10

Gestaltung der Werre
im Innenstadtbereich
von Löhne

Realisierung RS 3
Radschnellweg OWL

Osterbach

Werre-Radweg

„Werre-Achse"
Hiddenhausen

Werre

Geschichts-Route 4

Werretal

WINDMÜHLE EXTER

HERFORD

MARTA HERFORD

Umgestaltung der Werre -
Freiraumentwicklung Bergertor

H2O HERFORD

Auenentwicklung Werre

Stuckenberg

BAD SALZUFLEN

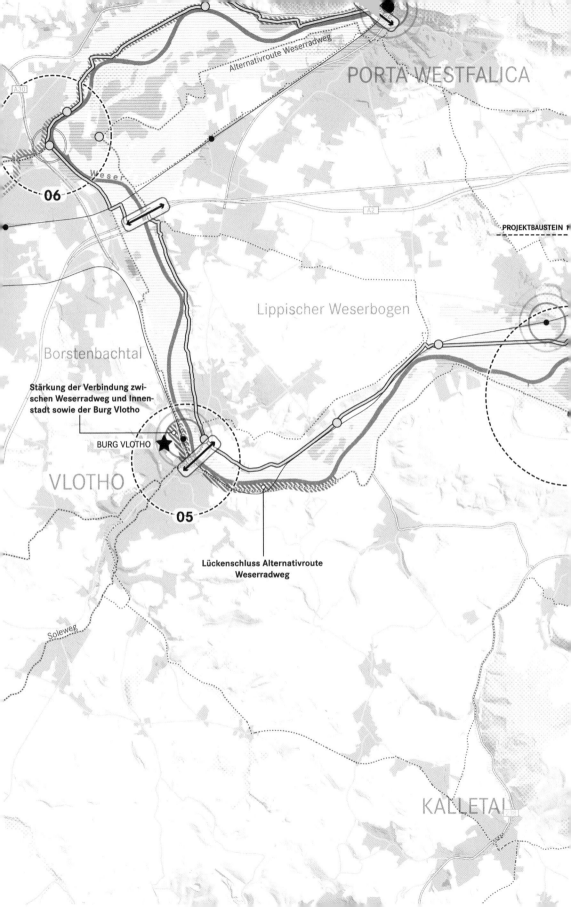

PORTA WESTFALICA

Alternativroute Weserradweg

Weser

06

A 2

PROJEKTBAUSTEIN

Lippischer Weserbogen

Borstenbachtal

Stärkung der Verbindung zwischen Weserradweg und Innenstadt sowie der Burg Vlotho

BURG VLOTHO

VLOTHO

05

Lückenschluss Alternativroute
Weserradweg

Soleweg

KALLETAL

Erkenntnisse für die Planungspraxis: Was muss ein Städtebau vor dem Hintergrund des vielfältigen Wandels leisten?

10.

Was muss ein Städtebau vor dem Hintergrund des vielfältigen Wandels leisten?

Die dargestellten Konzepte und Projekte zeigen, dass es weder einfache Antworten noch Blaupausen für diese Herausforderung gibt. Auch in Zeiten des Strukturwandels müssen unsere Städte zunächst nach innen wachsen, weil in der Innenentwicklung mit einer höheren Dichte und Flächeneffizienz eine große Chance liegt. Doch eine höhere städtische Dichte muss gut gemacht sein. Die Grundlage hierfür sind städtebauliche Konzepte, welche die Typologien der Gebäude berücksichtigen, die Konflikte zwischen Nutzungen vermeiden und eine gute Allianz aus Freiraum und Bebauung gewährleisten.

Nutzungsgemischte Stadtquartiere sind aufgrund wirtschaftlicher, ökologischer und gesellschaftlicher Veränderungen nicht nur erforderlich, sondern werden auch von einem großen Nutzerkreis nachgefragt. Das nutzungsgemischte Quartier ist kein Selbstzweck, sondern ein Element der baulich-räumlichen und funktionalen Organisation einer Stadt. Daher ist Nutzungsmischung als gesamtstädtische Aufgabenteilung zu verstehen, denn jedes Quartier trägt auf unterschiedliche Weise zu einer ausgeglichenen Angebots- und Verteilungsstruktur an Nutzungen im Stadtgebiet bei. Beeinflusst durch die Funktion, die Lage und das Umfeld eines Quartiers weisen Stadtquartiere daher ein unterschiedliches Nutzungsspektrum auf. Dementsprechend unterscheiden sich auch die Körnigkeiten der Nutzungsmischung in den Quartieren. Nicht jedes Quartier kann und muss ein vielfältiges Nutzungsspektrum und ein feinkörniges Mischungsbild aufweisen. Nutzungsmischung ist daher als gesamtstädtisches Körnigkeitsbild zu verstehen. Je nach Nutzungsspektrum, Funktion, Lage und Umfeld eines Quartiers muss das Körnigkeitsbild eines Quartiers daher in seinem räumlichen und funktionalen Kontext entwickelt werden.

Das mit dem Leitgedanken der Nutzungsmischung assoziierte Idealbild der kleinteilig nutzungsgemischten europäischen Stadt lässt sich in neuen Stadtquartieren nur bedingt realisieren. Es entspricht darüber hinaus auch nicht der Nachfrage auf dem Immobilienmarkt. Wohnen soll zwar in einen zentralen und nutzungsgemischten Standort integriert sein, dabei aber dennoch die Erwartung nach einem ruhigen Wohnumfeld erfüllen. Das Idealbild der Nutzungsmischung muss daher heutigen Ansprüchen und Rahmenbedingungen entsprechend neu kalibriert werden.

Steuerungsbedarf: von der Konzeption bis zur Realisierung

Ein funktionierendes nutzungsgemischtes Quartier bedarf gezielter Steuerung von der Konzeption bis zur Realisierung. Auf Grundlage einer im Vorfeld durchgeführten Bedarfs-, Nachfrage- und Trendanalyse kann ein angepasstes Nutzungskonzept für ein Quartier maßgeschneidert entwickelt werden. Dieses beinhaltet je nach Funktion, Lage und Umfeld des Quartiers ein passendes Nutzungsspektrum sowie ein angemessenes Körnigkeitsbild. Eine Nutzungskonzeption sollte aber immer auch ausreichend flexibel angelegt sein, um auf Bedarfs-, Nachfrage- und Trendschwankungen reagieren zu können. Im Falle solcher Schwankungen gilt es, die Mischungskonzeption des Quartiers in Teilen entsprechend anzupassen, aber dabei die Realisierung eines Quartiers nicht den aktuellen immobilienökonomischen Nachfragezyklen zu unterwerfen. Insbesondere wenn die in einer Mischungskonzeption vorgesehenen Nutzungen nicht den auf dem Immobilienmarkt aktuell primär nachgefragten Nutzungen entsprechen, braucht es ein gezieltes Nutzungsmanagement. Zum Teil schwer zu integrierende Nutzungen wie Einzelhandel, aber auch neu aufkommende mischungsaffine Nutzungen, wie nicht störendes, sauberes produzierendes und verarbeitendes Gewerbe, können durch angepasste städtebauliche Lösungen und ein gezieltes Anwerben in ein Quartier integriert werden.

Das Spektrum an mischungsaffinen Nutzungen und deren Nachfrage ist breit. Das gilt es standortadäquat zu aktivieren und durch die Entwicklung angepasster städtebaulicher Lösungen ein Nebeneinander unterschiedlicher Nutzungen zu ermöglichen. Neu entstandene Raum- und Nutzungstypologien eröffnen hier zudem zahlreiche Möglichkeiten. Mithilfe bauleitplanerischer Instrumente lässt sich die grundsätzliche Nutzungsstruktur in einem Quartier während des Realisierungsprozesses gezielt steuern. Der seit geraumer Zeit bekannte Bedarf, die existierenden planungsrechtlichen Regelungen den neuen Wirklichkeiten und Erkenntnissen anzupassen, ist – zumindest teilweise – mit der neuen Baugebietskategorie der BauNVO *Urbane Gebiete* beantwortet worden. Diese erfordert jedoch eine passgenaue Anwendung und stellt keinen Selbstläufer bei der Entwicklung urbaner, lebenswerter Stadtquartiere dar. Die neue Gebietskategorie eröffnet neue Möglichkeiten der Mischung und setzt gegebenenfalls bisher vorhandene Barrieren der Nutzungsmischung herab. Umso mehr gilt es, die städtebauliche und funktionale Qualität nutzungsgemischter Quartiere zu sichern.

Kleinräumige Nutzungsmischung kann nur funktionieren, wenn langfristig qualitätsvolle und gesunde Arbeits- und Wohnumgebungen durch eine nachhaltige Immobilienentwicklung gewährleistet werden.

10.02

337

Vorsprung durch Vielfalt

Die städtebaulichen Konzepte machen deutlich, dass die Rahmenbedingungen und Parameter für Nutzungsmischung in unseren Städten sehr unterschiedlich sind und sich vor dem Hintergrund der aktuellen Herausforderungen verändert haben. Mit dem Wandel zur Wissensgesellschaft werden jedoch jene städtischen Räume an Bedeutung gewinnen, in denen die Produktion von Wissen am besten gelingt und in denen die wissensintensiven Branchen die besten Umgebungsbedingungen vorfinden. Dies sind nach dem jetzigen Erkenntnisstand vorwiegend Stadträume, die sich durch ein hohes Maß an Vielfalt auszeichnen: durch funktionale Vielfalt (im Sinne einer intensiven Verflechtung von Wohnen, Arbeiten, Bildung, Kultur, Versorgung und Erholung), durch baulich-räumliche Vielfalt (im Sinne eines abwechslungsreichen, manchmal auch widersprüchlichen Settings an Gebäuden und Freiräumen) und durch soziale Vielfalt (im Sinne eines räumlichen und kommunikativen Neben- und Miteinanders verschiedener Milieus und Lebensstilgruppen) – mit anderen Worten durch jene *urbane Vielfalt*, die schon ideengeschichtlich mit dem Begriff der europäischen Stadt verbunden ist.

Dieses neue alte Paradigma kann nicht nur auf die historischen Innenstädte und Gründerzeitquartiere beschränkt bleiben, weil diese Teilräume der Stadt nicht ausreichen werden, den künftigen Bedarf an vielfältig nutzbaren Stadträumen zu decken. So müssen auch (monofunktionale) Vororte, Ansiedlungen und Gewerbeareale diesen künftigen Bedürfnissen angepasst werden, allerdings immer mit Blick auf die Grenzen der Integrationsfähigkeit dieser Stadträume. Auch künftig wird es nicht so sein, dass jede Form von Nutzungsmischung sinnvoll und verträglich ist.

Die vielleicht wichtigste Einsicht lautet jedoch: Wer sich, als Stadtbewohner oder
Stadtplaner, abwechslungsreiche Städte mit vielfältigen Nutzungen, Milieus und Settings – kurz
mehr Urbanität – wünscht, wird mehr Toleranz –
für Brüche, für Konflikte, für Zumutungen –
aufbringen müssen. Denn die Urbanität der europäischen Stadt gibt es nicht zum Nulltarif.

10.03

Kleinräumige Nutzungsmischung
kann nur funktionieren, wenn langfristig qualitätsvolle und gesunde
Arbeits- und Wohnumgebungen
durch eine nachhaltige Immobilienentwicklung gewährleistet werden.

Literaturverzeichnis

1   BMUB – Bundesministerium für Umwelt, Naturschutz, Bau und Reaktorsicherheit, 2015: Neues Zusammenleben in der Stadt, Berlin.

2   BMUB – Bundesministerium für Umwelt, Naturschutz, Bau und Reaktorsicherheit, 2016: Entwurf eines Gesetzes zur Umsetzung der Richtlinie 2014/52/EU im Städtebaurecht und zur Stärkung des neuen Zusammenlebens in der Stadt. Referentenentwurf vom 16.06.2016, Berlin.

3   Boeddinghaus, Gerhard, 1995: Funktionstrennung – Funktionsmischung. 50 Jahre Städtebau unter wechselnden Leitbildern. In: Informationen zur Raumentwicklung. Heft 6/7, S. 405–407.

a   BSBK – Bundesstiftung Baukultur, 2015: Baukulturbericht. Gebaute Lebensräume der Zukunft – Fokus Stadt, 2014/15. Bundesstiftung Baukultur, Potsdam.

5   Cash. 5/2021: Bauen, bauen, bauen! S. 100-105

6   Christiaanse, Kees und Hoeger, Kersin (Hrsg.), 2007: Campus and the City. Urban Design for the Knowledge Society, Zürich: gta Verlag.

7   Council of the European Union, 2013: »Council conclusions on EU approach to resilience«, Brüssel.

8   DCMS – Department for Culture, Media and Sport, 2001: Creative Industries Mapping Document, London.

9   Deutscher Bundestag, 1996: Siedlungsentwicklung und Siedlungspolitik: Nationalbericht Deutschland (Habitat II). In: Deutscher Bundestag 13. Wahlperiode. Drucksache 13/3679, Bonn.

10   Difu – Deutsches Institut für Urbanistik, 2015: Nutzungsmischung und soziale Vielfalt im Stadtquartier – Bestands-
aufnahme, Beispiele, Steuerungsbedarf. Endbericht, Ministerium für Bauen, Wohnen, Stadtentwicklung und Verkehr
des Landes Nordrhein-Westfalen (Auftraggeber), Berlin.

11   Difu – Deutsches Institut für Urbanistik, 2017:
Was ist eigentlich … Transformation, Berlin.

12   Florida, Richard, 2003: The Rise of the Creative Class,
New York: Turtleback.

13   Güthling, Mathias, 2009: Innerstädtische Brachflächen.
Untersuchung zur Umgestaltung von innerstädtischen
Bahnflächen am Beispiel des Reichsbahnausbesserungs-
werkes Potsdam. Heft 74, Universitätsverlag der Technischen
Universität Berlin.

14   Häußermann, Hartmut, 2011: Was bleibt von der europäischen Stadt? In: Frey, Oliver und Koch, Florian (Hrsg.):
Die Zukunft der europäischen Stadt. Stadtpolitik, Stadtplanung und Stadtgesellschaft im Wandel, Wiesbaden:
VS Verlag, S. 23–35.

15   ILS - Institut für Landes- und Stadtentwicklungsforschung,
2015: Aktuelle Gebietsentwicklungen in Nordrhein-Westfalen.
Ein Beitrag zur Urban Agenda? Kurzgutachten. Studie im
Auftrag der BPG Immobilienentwicklung GmbH, Dortmund.

16   ILS – Institut für Landes- und Stadtentwicklungsforschung,
2020: Corona. Der Unsicherheit durch Flexibilität entgegen-
treten. Online verfügbar unter: https://www.ils-forschung.
de/wp-content/uploads/2020/04/corona-krise_der-unsi-
cherheit-durch-flexibilitaet-entgegen-treten_fgb.pdf.

17   Jessen, Johann, 2004: Europäische Stadt als Bausteinkasten für die Städtebaupraxis – die neuen Stadtteile. In: Siebel, Walter (Hrsg.): Die europäische Stadt. Frankfurt am Main: Suhrkamp Verlag, S. 92–104.

18   Klein, Julia und Reicher, Christa, 2018: Nutzungsmischung im Quartier – Welche Bedeutung ein neues altes Paradigma für Stadtentwicklung und Planungspraxis haben kann. In: Dangel, Daniel; Lindner, Alexandra; Schaefer, Sigrid und Schröder, Heike (Hrsg.): Quartiersforschung im Fokus der Wohnungswirtschaft: Trends und Entwicklungsperspektiven. Lemgo: Rohn, S. 29–44

19   Klemme, Marion, 2019: Urban, dicht und grün? Städtische Verdichtung als Chance und Problem. Online verfügbar unter: https://www.haufe.de/immobilien/wohnungswirt-schaft/nachverdichtung-in-den-staedten-chancen-und-herausforderungen_260_501382.html

20   Kuder, Thomas, 2004: Nicht ohne: Leitbilder in Städtebau und Planung. Von der Funktionstrennung zur Nutzungs-mischung. Berlin: Leue Verlag.

21   Memorandum Urbane Resilienz, Bundesministerium des Innern, für Bau und Heimat, 2021: Urbane Resilienz: Wege zur robusten, adaptiven und zukunftsfähigen Stadt. Nationale Stadtentwicklungspolitik des Bundes, Berlin.

22   Schaefer, Sigrid, Lindner, Alexandra, Schröder, Heike und Dangel, Daniel (Hrsg.), 2018: Quartiersforschung im Fokus der Wohnungswirtschaft. Trends und Entwicklungsperspektiven. Lemgo: Verlag Dorothea Rohn, S. 25–39.

23   Wuppertal Institut, 2021: Stadtwandel. Städte im Wandel. Online verfügbar unter: https://wupperinst.org/themen/stadtwandel.

Abbildungsverzeichnis

Unsere Mitarbeiter:INNEN seit 1993

Christa Reicher, Joachim Haase, Holger Hoffschröer, Christoph Klanten, Anne Klasen-Habeney, Jan Polívka, Matthias Happel, Fabian Deckel, Nikolai Werner, Mirko Walz, Carsten Göhring, Claudia Komitsch, Anne Heidorn, Annalena Ribbe, Hanna Potulski, Claus Lehnert, Vanessa Ziegler, Stefan Spörl, Lisa Richter, Oxana Gourinovitch, Moritz Lippold, David Justen, Lena Bruns, Franz Wansing, Fabienne Scheid, Yassine Arraji, Muriel Sejnenski, Simona Zhekova, Ting Gu, Bettina Schlossmacher, Nina Dexheimer

Ehemalige Mitarbeiter:INNEN

Tim Ahlswede, Josef Balmes, Deborah Baumgarten, Kathrin Becker, Claudia Beschow, Anastasia Betsa, Felix Blasch, Brigitte Buchholz, Andrea Croe, Arnaud Charoy, Julian Daniel, Sebastian Deiwick, Maria Dörr, Iknur Dumlu, Anika Eigen, Thomas Eltner, Katrin Fränz, Ferdinand Fröhlich, Paul Gehling, Mona Gennies, Karin Gerdes, Tilman Gläser, Bruno Costa Godeiro, Tobias Goslar, Johannes Gossens, Frauke Greve, Melanie Großkunze, Kazim Habetas, Sarah Halbach, Denise Handler, Michael Hehenkamp, Melanie Heinz, Svenja Henning, José Carlos Hernández de León y Gonzáles, Janet Hönnecke, Lena Honrath, Oliver Jaworski, Anna Jenniches, Nadine Jung, Claudia Karst, Julia Klehr, Oliver Klotz, Jasmin Knedeisen, Svenja Krings, Philip Kruse, Anika Lammers, Anke Landsberg, Fan Li, Sarah Liebing, Toan Lien, Heike Matcha, Ilka Mecklenbrauck, Fabian Milz, Tobias Möller, Christoph Packheiser, Eva Pape, Axel Praglowski, Amir Reza Rahanama, Martin Rasch, Leon Reckers, Babette Remscheid, Jana Roß, Lea Ruthe, Kazim Saltabas, Juana Sánchez García, Marcel Schacht, Claudia Scharf, Johanna Schlack, Birgit Schmid, Frank Schnitzler, Katrin Schütte, Rüdiger Schwalm, Jana Schwerdt, Philipp Skoda, Hoda Soliman, Philip Spahr, Adrian Stadelmeyer, Vanessa Stark, Ulrike Strack, Minjun Tan, Kathrin Teichert, Andreas Trick, Daniel Tries, Andrea Ungru, Melina Vasen, Anna Venderbosch, Isabell Vollmer, Carolin Vorwerk, Benjamin Vossen, Roman Walczak, Melissa Waldau, Sarah Wendland, Fabian Wenner, Markus Wessels, Thomas Widynski, Leonie Windbergs, Milan Wittrock, Isa Wolter, Jialun Yao, Joana Zehenter, Christian Zenker, Zixi Zhao

UNIV. PROF. DIPL.-ING. CHRISTA REICHER

Christa Reicher gründete 1993 gemeinsam mit Joachim Haase das Büro RHA REICHER HAASE Architekten, Stadtplaner, Ingenieure in Aachen. Heute ist das Planungsbüro RHA REICHER HAASE ASSOZIIERTE mit Sitz in Aachen, Dortmund und Luxemburg national und international tätig.

Seit Oktober 2018 ist Christa Reicher Inhaberin des Lehrstuhls für Städtebau und Entwerfen und Direktorin des Instituts für Städtebau und europäische Urbanistik an der Fakultät für Architektur der RWTH Aachen. Zuvor, von 2002 bis 2018, war sie Professorin und Leiterin des Fachgebietes Städtebau, Stadtgestaltung und Bauleitplanung an der Fakultät Raumplanung der Technischen Universität Dortmund.

Von 2010 bis 2016 war sie Vorsitzende des wissenschaftlichen Beirats des Bundesinstitutes für Bau-, Stadt- und Raumforschung (BBSR) und ist heute Mitglied des Kuratoriums Nationale Stadtentwicklungspolitik sowie des IBA-Expertenrats des Bundesministeriums, der sich mit der Zukunft der Internationalen Bauausstellung (IBA) als Planungsformat auseinandersetzt.

Zudem wirkt sie in verschiedenen Beiräten mit, u. a. Baukollegium Zürich (2010–2014), Baukollegium Berlin (2012–2017), Gestaltungsbeirat der Stadt Dortmund (Vorsitzende 2004–2018), Beirat der Seestadt Aspern Wien (Vorsitzende 2014–2021), Gestaltungsbeirat der Stadt Darmstadt (Vorsitzende seit 2011), Hochhausbeirat der Stadt Düsseldorf (Vorsitzende seit 2019).

DIPL.-ING. JOACHIM HAASE

Joachim Haase gründete 1993 gemeinsam mit Christa Reicher das Büro RHA REICHER HAASE Architekten, Stadtplaner, Ingenieure in Aachen. Er studierte Architektur und Städtebau an der RWTH Aachen. Mit viel Engagement und Leidenschaft hat Joachim Haase als Mitgründer und Geschäftsführer das Planungsbüro RHA maßgeblich weiterentwickelt und zu dessen Erfolg beigetragen.

2020 verstarb Joachim Haase viel zu früh an einer unerbittlichen Krankheit.

DIPL.-ING.
HOLGER HOFFSCHRÖER

Holger Hoffschröer ist seit 2018 Geschäftsführender Gesellschafter der RHA REICHER HAASE ASSOZIIERTE und war von 2011 bis 2018 Büroleiter im Büro RHA REICHER HAASE ASSOZIIERTE, Dortmund. Von 2012 bis 2014 war Holger Hoffschröer Mitglied des Konvents der Bundesstiftung Baukultur und von 2015 bis 2018 wissenschaftlicher Mitarbeiter an der Technischen Universität Dortmund im Projekt »Urban Factory – Entwicklung ressourceneffizienter Fabriken in der Stadt«. Er ist seit 2011 Lehrbeauftragter für Stadtplanung und städtebauliches Entwerfen an der Fakultät Raumplanung der TU Dortmund, der FH Münster und der RWTH Aachen und war Associate der Stiftung Neue Verantwortung zum Thema »Future Urban Industries« (2011/12). Er studierte Raumplanung an der TU Dortmund und an der Michigan State University. Von 2009 bis 2011 war er in einem Planungsbüro im Bereich Städtebau und Stadtentwicklung tätig.

Die Schwerpunkte von Holger Hoffschröer liegen in den Bereichen Städtebauliche Rahmenplanung, Stadt- und regionalplanerische Entwicklungskonzepte, Stadtforschung, Integrierte Stadtentwicklung und Produktion in der gemischt genutzten Stadt. Seit 2020 wirkt er zudem in den Gestaltungsbeiräten Duisburg und Greven mit.

BAUASSESSOR M.SC.
CHRISTOPH KLANTEN

Christoph Klanten ist seit 2021 Gesellschafter und seit 2019 Mitarbeiter und Büroleiter im Büro RHA REICHER HAASE ASSOZIIERTE, Aachen. Nach dem Bachelorstudium der Fachrichtung Architektur an der RWTH Aachen und an der Università degli Studi Roma Tre studierte er Stadtplanung an der RWTH Aachen. Neben dem Studium war er in mehreren Planungsbüros tätig.

Nach dem Studium begann er die Ausbildung zum Bauassessor bei der Bezirksregierung Köln. Von 2015 bis 2019 war er als Mitarbeiter am Lehrstuhl für Planungstheorie und Stadtentwicklung im Bereich von Lehre und Forschung tätig. Seit 2019 ist Christoph Klanten am Lehrstuhl für Städtebau und Entwerfen an der RWTH Aachen beschäftigt. Seine Schwerpunkte liegen in den Bereichen städtebaulicher Entwurf, städtebauliche Rahmenplanung und Bauleitplanung.

Impressum

© 2022 by jovis Verlag GmbH
Das Copyright für die Texte liegt bei den Autoren.
Das Copyright für die Abbildungen liegt bei den
Fotografen/Inhabern der Bildrechte.

Umschlagmotiv: Lea Schütze, konter — Studio für Gestaltung
Lektorat: Jan Kempinski
Gestaltung und Satz: Lea Schütze, konter — Studio für Gestaltung
Lithografie: Lea Schütze, konter — Studio für Gestaltung
Gedruckt in der Europäischen Union

Die Deutsche Nationalbibliothek verzeichnet
diese Publikation in der Deutschen National-
bibliografie; detaillierte bibliografische Daten
sind im Internet über http://dnb.d-nb.de
abrufbar.

jovis Verlag GmbH
Lützowstraße 33
10785 Berlin

www.jovis.de

jovis-Bücher sind weltweit im ausgewählten
Buchhandel erhältlich.
Informationen zu unserem internationalen
Vertrieb erhalten Sie von Ihrem Buchhändler
oder unter www.jovis.de.

ISBN 978-3-86859-565-9